専門基礎ライブラリー

基本簿記演習　改訂版

解答編

実教出版

第1章 複式簿記の基礎

第1節 簿記の役割／簿記の用語 (p.4)

【基本問題】

問1　①帳簿　②報告書　③損益計算書　④貸借対照表　⑤会計期間　⑥借方　⑦貸方

第2節 資産・負債・純資産と貸借対照表 (p.5, 6)

【基本問題】

問1　①財貨　②債権　③債務　④現金　⑤純資産　⑥売掛金　⑦借入金
　　注. ①と②は順不同

問2　商品（○），買掛金（△），建物（○），現金（○），備品（○），資本金（×），借入金（△），土地（○），売掛金（○），貸付金（○）

問3

貸借対照表

城西商事(株)　　　　01年4月1日　　　　（単位：円）

資　産	金　額	負債および純資産	金　額
現　　金	11,000	買　掛　金	30,000
売　掛　金	16,000	借　入　金	5,000
商　　品	23,000	資　本　金	10,000
		繰越利益剰余金	5,000
	50,000		50,000

問4

貸借対照表

東京国際商事(株)　　02年3月31日　　（単位：円）

資　産	金　額	負債および純資産	金　額
現　　金	18,000	買　掛　金	75,000
売　掛　金	90,000	借　入　金	40,000
商　　品	62,000	資　本　金	50,000
備　　品	35,000	繰越利益剰余金	40,000
	205,000		205,000

当期純利益　　¥　10,000

【練習問題】

問1

貸借対照表

(埼玉)商事(株)　　　02年3月31日　　（単位：円）

資　産	金　額	負債および純資産	金　額
現　　金	230,000	買　掛　金	140,000
売　掛　金	130,000	借　入　金	200,000
商　　品	250,000	資　本　金	400,000
備　　品	300,000	繰越利益剰余金	170,000
	910,000		910,000

当期純利益　　¥　70,000

第3節 収益・費用と損益計算書 (p.7〜10)

【基本問題】

問1　商品販売益（○），給料（×），広告費（×），水道光熱費（×），受取利息（○），雑費（×），支払利息（×），雑益（○），消耗品費（×），支払家賃（×）

問2

損益計算書

(東京)商事(株)　01年4月1日から02年3月31日まで　（単位：円）

費　用	金　額	収　益	金　額
給　　料	55,000	商品販売益	100,000
支　払　家賃	24,000	受取利息	5,000
雑　　費	2,500		
支　払　利息	3,500		
当期純利益	**20,000**		
	105,000		105,000

問3

損益計算書

(新宿)商事(株)　01年4月1日から02年3月31日まで　（単位：円）

費　用	金　額	収　益	金　額
給　　料	85,000	商品販売益	120,000
支　払　家賃	14,000	受取利息	10,000
雑　　費	2,000	**当期純損失**	**6,000**
支　払　利息	35,000		
	136,000		136,000

【練習問題】

問1

貸借対照表

(横浜)商事(株)　　　02年3月31日　　（単位：円）

資　産	金　額	負債および純資産	金　額
現　　金	180,000	買　掛　金	720,000
売　掛　金	870,000	借　入　金	400,000
商　　品	900,000	資　本　金	1,000,000
貸　付　金	450,000	繰越利益剰余金	280,000
	2,400,000		2,400,000

損益計算書

(横浜)商事(株)　01年4月1日から02年3月31日まで　（単位：円）

費　用	金　額	収　益	金　額
給　　料	260,000	商品販売益	650,000
広　告　費	35,000	受取利息	15,000
支　払　家賃	78,000		
支　払　利息	12,000		
当期純利益	**280,000**		
	665,000		665,000

問2

貸借対照表

(渋谷)商事(株)　　　02年3月31日　　（単位：円）

資　産	金　額	負債および純資産	金　額
現　　金	770,000	買　掛　金	440,000
売　掛　金	430,000	借　入　金	900,000
商　　品	280,000	資　本　金	1,000,000
備　　品	300,000	繰越利益剰余金	240,000
車両運搬具	800,000		
	2,580,000		2,580,000

損 益 計 算 書

(渋谷)商事(株) 01年4月1日から02年3月31日まで （単位：円）

費　用	金　額	収　益	金　額
給　料	260,000	商品販売益	622,000
水道光熱費	35,000	雑　益	13,000
通 信 費	11,000		
支 払 家 賃	67,000		
支 払 利 息	22,000		
当期純利益	**240,000**		
	635,000		635,000

問3　① 16,000　② 8,000　③ 1,000　④ 5,000
　　　⑤ 11,000　⑥ 8,000　⑦ 12,000　⑧ 5,000
　　　⑨ △ 1,000

問4　① 3,405,000　② 2,600,000

第4節　取引と勘定記入／仕訳と転記（p.11〜15）

【基本問題】

問1

日付	借方科目	金　額	貸方科目	金　額
4 / 1	現　金	700,000	資 本 金	700,000
5	備　品	120,000	現　金	120,000
12	商　品	200,000	買 掛 金	200,000
17	売 掛 金	180,000	商　品 商品販売益	150,000 30,000
25	給　料	50,000	現　金	50,000
30	現　金	180,000	売 掛 金	180,000

問2

	借方科目	金　額	貸方科目	金　額
(1)	現　金 備　品	500,000 100,000	資 本 金	600,000
(2)	現　金	100,000	借 入 金	100,000
(3)	備　品	150,000	現　金	150,000
(4)	商　品	250,000	買 掛 金	250,000
(5)	現　金	130,000	商　品 商品販売益	100,000 30,000
(6)	給　料	23,000	現　金	23,000
(7)	買 掛 金	150,000	現　金	150,000
(8)	現　金	200,000	売 掛 金	200,000
(9)	支 払 家 賃	50,000	現　金	50,000

問3

	借方科目	金　額	貸方科目	金　額
(1)	商　品	15,000	現　金 買 掛 金	10,000 5,000
(2)	現　金 支 払 利 息	18,800 1,200	借 入 金	20,000

問4

日付	借方科目	金　額	貸方科目	金　額
5 / 1	商　品	40,000	現　金	40,000
4	売 掛 金	26,000	商　品 商品販売益	20,000 6,000
12	現　金	30,000	売 掛 金	30,000
20	支払手数料	5,000	現　金	5,000

現　金

5/1 前月繰越	100,000	5/1 商　品	40,000
12 売 掛 金	30,000	20 支払手数料	5,000

売 掛 金

5/1 前月繰越	50,000	5/12 現　金	30,000
4 諸　口	26,000		

商　品

5/1 現　金	40,000	5/4 売 掛 金	20,000

商品販売益

		5/4 売 掛 金	6,000

支払手数料

5/20 現　金	5,000		

【練習問題】

問1

日付	借方科目	金　額	貸方科目	金　額
4 / 1	現　金	1,000,000	資 本 金	1,000,000
2	備　品 消耗品費	200,000 10,000	現　金	210,000
6	商　品	500,000	現　金 買 掛 金	100,000 400,000
13	現　金 売 掛 金	120,000 300,000	商　品 商品販売益	300,000 120,000
20	給　料	150,000	現　金	150,000
25	買 掛 金	400,000	現　金	400,000
30	現　金	200,000	売 掛 金	200,000
〃	雑　費	8,000	現　金	8,000

総 勘 定 元 帳

現　金

4/1 資 本 金	1,000,000	4/2 諸　口	210,000
13 諸　口	120,000	6 商　品	100,000
30 売 掛 金	200,000	20 給　料	150,000
		25 買 掛 金	400,000
		30 雑　費	8,000

売	掛	金			
4/13 諸 口	300,000		4/30 現 金	200,000	

商	品			
4/6 諸 口	500,000	4/13 諸 口	300,000	

備	品	
4/2 現 金	200,000	

買	掛	金		
4/25 現 金	400,000	4/6 商 品	400,000	

資	本	金		
		4/1 現 金	1,000,000	

商品販売益		
	4/13 諸 口	120,000

給	料	
4/20 現 金	150,000	

消耗品費		
4/2 現 金	10,000	

雑	費	
4/30 現 金	8,000	

第5節　試算表（p.16～20）

【基本問題】

問1

合 計 試 算 表
02年3月31日

借　　方	元丁	勘定科目	貸　　方
190,000	1	現　　金	83,000
70,000	2	売 掛 金	70,000
90,000	3	商　　品	65,000
50,000	4	買 掛 金	70,000
	5	資 本 金	80,000
	6	繰越利益剰余金	20,000
	7	商品販売益	25,000
10,000	8	給　　料	
3,000	9	雑　　費	
413,000			413,000

問2

残 高 試 算 表
02年3月31日

借　　方	元丁	勘定科目	貸　　方
107,000	1	現　　金	
25,000	3	商　　品	
	4	買 掛 金	20,000
	5	資 本 金	80,000
	6	繰越利益剰余金	20,000
	7	商品販売益	25,000
10,000	8	給　　料	
3,000	9	雑　　費	
145,000			145,000

問3

合 計 残 高 試 算 表
02年3月31日

借　　方		元丁	勘定科目	貸　　方	
残 高	合 計			合 計	残 高
107,000	190,000	1	現　　金	83,000	
	70,000	2	売 掛 金	70,000	
25,000	90,000	3	商　　品	65,000	
	50,000	4	買 掛 金	70,000	20,000
		5	資 本 金	80,000	80,000
		6	繰越利益剰余金	20,000	20,000
		7	商品販売益	25,000	25,000
10,000	10,000	8	給　　料		
3,000	3,000	9	雑　　費		
145,000	413,000			413,000	145,000

【練習問題】

問1

日付	借方科目	金　額	貸方科目	金　額
6/23	現　　金	70,000	商　　品	100,000
	売 掛 金	70,000	商品販売益	40,000
26	買 掛 金	100,000	現　　金	100,000

現	金			1
	740,000		270,000	
6/23 諸 口	70,000	6/26 買掛金	100,000	

売	掛	金		2
	350,000		150,000	
6/23 諸 口	70,000			

商	品			3
	420,000		250,000	
		6/23 諸 口	100,000	

買	掛	金		4
	260,000		520,000	
6/26 現 金	100,000			

<table>
<tr><td colspan="2">資　本　金</td><td>5</td></tr>
<tr><td></td><td></td><td>400,000</td></tr>
</table>

<table>
<tr><td colspan="2">繰越利益剰余金</td><td>6</td></tr>
<tr><td></td><td></td><td>100,000</td></tr>
</table>

<table>
<tr><td colspan="2">商品販売益</td><td>7</td></tr>
<tr><td></td><td></td><td>80,000</td></tr>
<tr><td></td><td>6/23 諸　口 40,000</td><td></td></tr>
</table>

残 高 試 算 表
01 年 6 月 30 日

借　　方	元丁	勘 定 科 目	貸　　方
440,000	1	現　　金	
270,000	2	売 掛 金	
70,000	3	商　　品	
	4	買 掛 金	160,000
	5	資 本 金	400,000
	6	繰越利益剰余金	100,000
	7	商品販売益	120,000
780,000			780,000

問2

残 高 試 算 表
01 年 6 月 30 日

借　　方	元丁	勘 定 科 目	貸　　方
118,700	1	現　　金	
39,000	2	売 掛 金	
43,000	3	商　　品	
30,000	4	備　　品	
	5	買 掛 金	65,000
	6	借 入 金	15,000
	7	資 本 金	100,000
	8	繰越利益剰余金	30,000
	9	商品販売益	28,500
7,000	10	給　　料	
800	11	支 払 利 息	
238,500			238,500

第 2 章　諸取引の記帳
第 1 節　現金・預金取引 （p.21 ～ 28）
【基本問題】
問1

	借方科目	金　額	貸方科目	金　額
(1)	通 信 費	14,700	現　　金	14,700
(2)	現　　金	200,000	売 掛 金	200,000
(3)	現　　金 売 掛 金	150,000 200,000	商　　品 商品販売益	280,000 70,000

(4)	現　　金	50,000	受取利息	50,000
(5)	商　　品	150,000	現　　金 買 掛 金	50,000 100,000

問2

（1）

日付	借方科目	金　額	貸方科目	金　額
1/16	商　　品	30,000	現　　金	30,000
29	現　　金	200,000	売 掛 金	200,000

現　　金

	720,000		160,000
1/29 売掛金	200,000	1/16 商　品	30,000

（2）　　　　現 金 出 納 帳

01 年		摘　　要	収　入	支　出	残　高
		前ページから	720,000	160,000	560,000
1	16	足利商事より商品仕入れ		30,000	530,000
	29	日光商事より売掛金一部回収	200,000		730,000
	31	次月繰越		730,000	
			920,000	920,000	
2	1	前月繰越	730,000		730,000

問3

	借方科目	金　額	貸方科目	金　額
(1)	現金過不足	500	現　　金	500
(2)	通 信 費	300	現金過不足	300

問4

	借方科目	金　額	貸方科目	金　額
(1)	現　　金	2,500	現金過不足	2,500
(2)	現金過不足	1,500	受取利息	1,500

問5

日付	借方科目	金　額	貸方科目	金　額
6/1	当座預金	1,000,000	現　　金	1,000,000
5	現　　金	200,000	当座預金	200,000
11	買 掛 金	350,000	当座預金	350,000
15	当座預金	500,000	売 掛 金	500,000
19	当座預金	180,000	売 掛 金	180,000
25	水道光熱費	6,000	当座預金	6,000

問6　　　総 勘 定 元 帳
当 座 預 金

6/1 現　金	1,000,000	6/5 現　金	200,000
15 売掛金	500,000	11 買掛金	350,000
19 売掛金	180,000	25 水道光熱費	6,000

当座預金出納帳

01年		摘　要	預　入	引　出	借／貸	残　高
6	1	現金預け入れ	1,000,000		借	1,000,000
	5	現金引出し		200,000	〃	800,000
	11	買掛金支払い，栃木商事		350,000	〃	450,000
	15	売掛金回収，群馬商事	500,000		〃	950,000
	19	売掛金当座振込，茨城商事	180,000		〃	1,130,000
	25	5月分電気料金，引落し		6,000	〃	1,124,000
	30	次月繰越		1,124,000		
			1,680,000	1,680,000		
7	1	前月繰越	1,124,000		借	1,124,000

問7

	借方科目	金　額	貸方科目	金　額
(1)	定期預金	1,000,000	現　金	1,000,000
(2)	普通預金	3,003,000	定期預金	3,000,000
			受取利息	3,000

（2）

日付	借方科目	金　額	貸方科目	金　額
8/31	通信費	28,000	当座預金	88,000
	交通費	19,500		
	消耗品費	22,500		
	雑　費	18,000		
	[別解]			
	通信費	28,000	小口現金	88,000
	交通費	19,500		
	消耗品費	22,500		
	雑　費	18,000		
	小口現金	88,000	当座預金	88,000

問8

（1）

日付	借方科目	金　額	貸方科目	金　額
6/1	小口現金	50,000	当座預金	50,000
30	通信費	18,000	小口現金	44,000
	消耗品費	21,000		
	交通費	5,000		
7/1	小口現金	44,000	当座預金	44,000

問9

小口現金出納帳

受　入	01年		摘　要	支　払	通信費	交通費	消耗品費	雑　費	残　高
25,000	11	12	前週繰越						25,000
		〃	郵便切手・はがき代	5,800	5,800				19,200
		13	バス回数券	5,000		5,000			14,200
		14	お茶・菓子代	3,500				3,500	10,700
		15	タクシー代	2,800		2,800			7,900
		16	筆記用具等	7,500			7,500		400
			合　計	24,600	5,800	7,800	7,500	3,500	
24,600		16	本日補給						25,000
		〃	次週繰越	25,000					
49,600				49,600					
25,000	11	19	前週繰越						25,000

借方科目	金　額	貸方科目	金　額
通信費	5,800	小口現金	24,600
交通費	7,800		
消耗品費	7,500		
雑　費	3,500		
小口現金	24,600	当座預金	24,600

[別解]			
通信費	5,800	当座預金	24,600
交通費	7,800		
消耗品費	7,500		
雑　費	3,500		

問 10

小口現金出納帳

受　入	01年		摘　　要	支　払	内　訳				残　高
					通信費	交通費	消耗品費	雑　費	
1,200	11	12	前 週 繰 越						1,200
23,800	〃		本 日 補 給						25,000
	〃		郵便切手・はがき代	5,800	5,800				19,200
		13	バス回数券	5,000		5,000			14,200
		14	お茶・菓子代	3,500				3,500	10,700
		15	タクシー代	2,800		2,800			7,900
		16	筆記用具等	7,500			7,500		400
			合　　計	24,600	5,800	7,800	7,500	3,500	
		16	**次 週 繰 越**	**400**					
25,000				25,000					
400	11	19	前 週 繰 越						400

借方科目	金　額	貸方科目	金　額
通 信 費	5,800	小 口 現 金	24,600
交 通 費	7,800		
消 耗 品 費	7,500		
雑　　費	3,500		
小 口 現 金	24,600	当 座 預 金	24,600
[別解]			
通 信 費	5,800	当 座 預 金	24,600
交 通 費	7,800		
消 耗 品 費	7,500		
雑　　費	3,500		

【練習問題】

問 1

	借方科目	金　額	貸方科目	金　額
(1)	現　金	80,000	売 掛 金	80,000
(2)	現　金	150,000	売 掛 金	150,000
(3)	現金過不足	1,800	現　金	1,800
(4)	消耗品費	1,800	現金過不足	1,800
(5)	現　金	2,800	現金過不足	2,800
(6)	現金過不足	2,800	雑 収 入	2,800

第 2 節　商品売買取引（p.29〜37）

【基本問題】

問 1

	借方科目	金　額	貸方科目	金　額
(1)	仕　入	100,000	買 掛 金	100,000
(2)	買 掛 金	5,000	仕　入	5,000
(3)	仕　入	150,000	当 座 預 金	50,000
			買 掛 金	100,000

(4)	仕　入	210,000	買 掛 金	200,000
			現　金	10,000
(5)	売 掛 金	250,000	売　上	250,000
(6)	売　上	25,000	売 掛 金	25,000
(7)	現　金	180,000	売　上	380,000
	売 掛 金	200,000		
	発 送 費	15,000	当 座 預 金	15,000
(8)	現　金	180,000	売　上	380,000
	売 掛 金	215,000	当 座 預 金	15,000

問 2

	借方科目	金　額	貸方科目	金　額
(1)	商　品	40,000	買 掛 金	40,000
(2)	買 掛 金	4,000	商　品	4,000
(3)	売 掛 金	56,000	売　上	56,000
	売上原価	28,000	商　品	28,000
(4)	売　上	6,400	売 掛 金	6,400
	商　品	3,200	売上原価	3,200
(5)	売 掛 金	8,400	売　上	8,400
	売上原価	6,000	商　品	6,000
(6)	売 掛 金	288,000	売　上	288,000
	売上原価	240,000	商　品	240,000

問 3

日付	借方科目	金　額	貸方科目	金　額
1 / 5	仕　入	435,000	買 掛 金	435,000
6	買 掛 金	14,000	仕　入	14,000
19	仕　入	168,000	当 座 預 金	75,000
			買 掛 金	75,000
			現　金	18,000

— 7 —

仕　入　帳

01年		摘　　要		内　訳	金　額
1	5	和歌山商事	掛　け		
		A品　500個　@¥450		225,000	
		B品　300個　@¥700		210,000	435,000
	6	和歌山商事	掛け・戻し		
		B品　20個　@¥700			14,000
	19	岡山商事	小切手・掛け		
		C品　500個　@¥300		150,000	
		引取費用現金払い		18,000	168,000
	31		総 仕 入 高		603,000
	〃		仕 入 戻 し 高		14,000
			純 仕 入 高		589,000

問4

日付	借方科目	金　額	貸方科目	金　額
1/12	売 掛 金	180,000	売　　上	180,000

14	売　　上	12,000	売 掛 金	12,000
23	現　　金	35,000	売　　上	135,000
	売 掛 金	108,000	当座預金	8,000

売　上　帳

01年		摘　　要		内　訳	金　額
1	12	兵庫商事	掛　け		
		A品　150個　@¥600		90,000	
		B品　100個　@¥900		90,000	180,000
	14	兵庫商事	掛・戻り		
		A品　20個　@¥600			12,000
	23	広島商事	小切手・掛け		
		C品　300個　@¥450			135,000
	31		総 売 上 高		315,000
	〃		売 上 戻 り 高		12,000
			純 売 上 高		303,000

問5

商品有高帳
先入先出法　　　商品A　　　（単位：円）

01年		摘要	受入 数量	単価	金額	払出 数量	単価	金額	残高 数量	単価	金額
3	1	前月繰越	100	280	28,000				100	280	28,000
	3	仕入れ	300	300	90,000				100	280	28,000
									300	300	90,000
	7	売上げ				100	280	28,000			
						150	300	45,000	150	300	45,000
	12	仕入れ	400	350	140,000				150	300	45,000
									400	350	140,000
	17	売上げ				150	300	45,000			
						150	350	52,500	150	350	87,500
	31	次月繰越				250	350	87,500			
			800		258,000	800		258,000			
4	1	前月繰越	250	350	87,500				250	350	87,500

問6

(1)　月初商品棚卸高　¥　28,000
(2)　月末商品棚卸高　¥　87,500
(3)　仕　入　高　¥　230,000
(4)　売　上　高　¥　290,000
(5)　売　上　原　価　¥　170,500
(6)　商品販売益（粗利）　¥　119,500

【練習問題】

問1

	借方科目	金　額	貸方科目	金　額
(1)	仕　　入	150,000	買 掛 金	150,000
(2)	買 掛 金	3,000	仕　　入	3,000

(3)	売 掛 金	135,000	売　　上	135,000
(4)	売　　上	9,000	売 掛 金	9,000
(5)	仕　　入	185,000	当座預金	80,000
			買 掛 金	100,000
			現　　金	5,000
(6)	現　　金	38,000	売　　上	188,000
	当座預金	100,000		
	売 掛 金	50,000		
	発 送 費	10,000	当座預金	10,000
(7)	現　　金	70,000	売　　上	100,000
	売 掛 金	30,000		
	売上原価	80,000	商　　品	80,000

問2

日付	借方科目	金額	貸方科目	金額
1/5	仕　　入	435,000	買 掛 金	435,000
6	買 掛 金	7,000	仕　　入	7,000
12	売 掛 金	180,000	売　　上	180,000
14	売　　上	12,000	売 掛 金	12,000
19	仕　　入	168,000	当座預金	75,000
			買 掛 金	75,000
			現　　金	18,000
23	現　　金	35,000	売　　上	135,000
	売 掛 金	108,000	当座預金	8,000

仕　入　帳

01年	摘　要		内　訳	金　額
1　5	函館商事	掛　け		
	A品　500個　@¥450		225,000	
	B品　300個　@¥700		210,000	435,000
6	函館商事	掛け・戻し		
	B品　10個　@¥700			7,000
19	小樽商事	小切手・掛け		
	C品　500個　@¥300		150,000	
	引取費用現金払い		18,000	168,000
31		総 仕 入 高		603,000
〃		仕 入 戻 し 高		7,000
		純 仕 入 高		596,000

売　上　帳

01年	摘　要		内　訳	金　額
1　12	札幌商事	掛　け		
	A品　150個　@¥600		90,000	
	B品　100個　@¥900		90,000	180,000
14	札幌商事	掛け・戻り		
	A品　20個　@¥600			12,000
23	旭川商事	小切手・掛け		
	C品　300個　@¥450			135,000
31		総 売 上 高		315,000
〃		売 上 戻 り 高		12,000
		純 売 上 高		303,000

第3節　掛け取引（p.38〜41）

【基本問題】

問1

日付	借方科目	金　額	貸方科目	金　額
1/6	売 掛 金	70,000	売　　上	70,000
7	売　　上	4,000	売 掛 金	4,000
15	現　　金	85,000	売 掛 金	85,000

総 勘 定 元 帳
売　掛　金　　　　4

1/1 前月繰越	170,000	1/7 売　　上	4,000
6 売　上	70,000	15 現　金	85,000

売 掛 金 元 帳
栃木商事(株)　　　　1

01年	摘　要	借　方	貸　方	借または貸	残　高
1　1	前月繰越	100,000		借	100,000
6	売上げ	70,000		〃	170,000
7	戻　り		4,000	〃	166,000
15	回　収		85,000	〃	81,000
31	次月繰越		81,000		
		170,000	170,000		
2　1	前月繰越	81,000		借	81,000

問2

日付	借方科目	金　額	貸方科目	金　額
1/5	仕　　入	46,000	買 掛 金	46,000
6	買 掛 金	5,000	仕　　入	5,000
20	買 掛 金	61,000	現　　金	61,000

総 勘 定 元 帳
買　掛　金　　　　10

1/6 仕　入	5,000	1/1 前月繰越	30,000
20 現　金	61,000	5 仕　入	46,000

買 掛 金 元 帳
静岡商事(株)　　　　1

01年	摘　要	借　方	貸　方	借または貸	残　高
1　1	前月繰越		30,000	貸	30,000
5	仕入れ		46,000	〃	76,000
6	戻　し	5,000		〃	71,000
20	支払い	61,000		〃	10,000
31	次月繰越	10,000			
		76,000	76,000		
2　1	前月繰越		10,000	貸	10,000

【練習問題】

問1

日付	借方科目	金　額	貸方科目	金　額
5/6	仕　　入	250,000	買 掛 金	250,000
8	仕　　入	350,000	当座預金	50,000
			買 掛 金	300,000
10	買 掛 金	15,000	仕　　入	15,000
25	買 掛 金	300,000	当座預金	300,000

総 勘 定 元 帳

買 掛 金　　　12

5 /10	仕　　入	15,000	5 / 1 前月繰越	180,000
25	当座預金	300,000	6 仕　　入	250,000
			8 仕　　入	300,000

買掛金元帳（仕入先元帳）

佐賀商事(株)　　　1

01年	摘　要	借　方	貸　方	借また は 貸	残　高
5 1	前月繰越		100,000	貸	100,000
6	仕　入　れ		250,000	〃	350,000
25	支　払　い	300,000		〃	50,000
31	次月繰越	50,000			
		350,000	350,000		
6 1	前月繰越		50,000	貸	50,000

長崎商事(株)　　　2

01年	摘　要	借　方	貸　方	借また は 貸	残　高
5 1	前月繰越		80,000	貸	80,000
8	仕　入　れ		300,000	〃	380,000
10	戻　　し	15,000		〃	365,000
31	次月繰越	365,000			
		380,000	380,000		
6 1	前月繰越		365,000	貸	365,000

問2

総 勘 定 元 帳

売 掛 金　　　5

6 / 1 前月繰越	180,000	6 /10 売　上	16,000
8 売　　上	360,000	25 当座預金	250,000

買 掛 金　　　11

6 / 4 仕　　入	25,000	6 / 1 前月繰越	150,000
27 当座預金	200,000	2 仕　　入	400,000

売掛金元帳（得意先元帳）

熊本商事(株)　　　1

01年	摘　要	借　方	貸　方	借また は 貸	残　高
6 1	前月繰越	120,000		借	120,000
8	売　上　げ	360,000		〃	480,000
10	戻　　り		16,000	〃	464,000
25	回　　収		250,000	〃	214,000
30	次月繰越		214,000		
		480,000	480,000		
7 1	前月繰越	214,000		借	214,000

買掛金元帳（仕入先元帳）

宮崎商事(株)　　　1

01年	摘　要	借　方	貸　方	借また は 貸	残　高
6 1	前月繰越		50,000	貸	50,000
2	仕　入　れ		400,000	〃	450,000
4	戻　　し	25,000		〃	425,000
27	支　払　い	200,000		〃	225,000
30	次月繰越	225,000			
		450,000	450,000		
7 1	前月繰越		225,000	貸	225,000

第4節　手形取引 (p.42, 43)
【基本問題】
問1

日付		借方科目	金　額	貸方科目	金　額
9/1	鹿児島商事	仕　　入	150,000	支払手形	150,000
	沖縄商事	受取手形	150,000	売　　上	150,000
30	鹿児島商事	支払手形	150,000	当座預金	150,000
	沖縄商事	当座預金	150,000	受取手形	150,000

問2

日付	借方科目	金　額	貸方科目	金　額
1 /10	受取手形	500,000	売　　上	500,000
15	買掛金	250,000	支払手形	250,000
31	支払手形	100,000	当座預金	100,000

【練習問題】
問1

	借方科目	金　額	貸方科目	金　額
(1)	仕　　入	450,000	支払手形	450,000
(2)	受取手形	780,000	売　掛　金	780,000
(3)	支払手形	540,000	当座預金	540,000
(4)	当座預金	650,000	受取手形	650,000

第5節　その他の債権・債務の取引 (p.44～49)
【基本問題】
問1

		借方科目	金　額	貸方科目	金　額
(1)	埼玉商事	貸付金	300,000	現　　金	300,000
	東京商事	現　　金	300,000	借入金	300,000
(2)	群馬商事	手形貸付金	500,000	現　　金	500,000
	栃木商事	現　　金	500,000	手形借入金	500,000
(3)	茨城商事	貸　付　金	500,000	当座預金	490,000
				受取利息	10,000
	千葉商事	現　　金	490,000	借入金	500,000
		支払利息	10,000		

(4)	神奈川商事	現　　金	745,500	手形借入金	750,000
		支払利息	4,500		
	山梨商事	手形貸付金	750,000	当座預金	745,500
				受取利息	4,500

問2

	借方科目	金　額	貸方科目	金　額
(1)	現　　金	975,000	借　入　金	1,000,000
	支払利息	25,000		
(2)	借　入　金	1,000,000	当座預金	1,000,000
(3)	手形貸付金	2,000,000	現　　金	2,000,000
(4)	現　　金	2,075,000	手形貸付金	2,000,000
			受取利息	75,000

問3

日付		借方科目	金　額	貸方科目	金　額
11/2	古河商事	前払金	50,000	現　　金	50,000
	船橋商事	現　金	50,000	前受金	50,000
21	古河商事	仕　　入	550,000	前払金	50,000
				買掛金	500,000
	船橋商事	前受金	50,000	売　　上	550,000
		売掛金	500,000		

問4

	借方科目	金　額	貸方科目	金　額
(1)	売　掛　金	480,000	売　　上	480,000
(2)	未　収　金	1,500	雑　収　入	1,500
(3)	仕　　入	378,000	買　掛　金	375,000
			現　　金	3,000
(4)	備　　品	850,000	当座預金	150,000
			未　払　金	700,000

問5

	借方科目	金　額	貸方科目	金　額
(1)	従業員立替金	50,000	現　　金	50,000
(2)	給　　料	350,000	従業員立替金	50,000
			所得税預り金	35,000
			社会保険料預り金	10,000
			現　　金	255,000
(3)	社会保険料預り金	10,000	普通預金	10,000
(4)	所得税預り金	35,000	現　　金	35,000

問6

	借方科目	金　額	貸方科目	金　額
(1)	仮　払　金	80,000	現　　金	80,000
(2)	当座預金	580,000	仮　受　金	580,000
(3)	仮　受　金	580,000	売　掛　金	300,000
			前　受　金	280,000

| (4) | 旅　　費 | 82,000 | 仮　払　金 | 80,000 |
| | | | 現　　金 | 2,000 |

【練習問題】

問1

	借方科目	金　額	貸方科目	金　額
(1)	貸　付　金	200,000	現　　金	200,000
(2)	現　　金	210,000	貸　付　金	200,000
			受取利息	10,000
(3)	現　　金	300,000	借　入　金	300,000
(4)	現　　金	246,500	手形借入金	250,000
	支払利息	3,500		
(5)	前　払　金	80,000	現　　金	80,000
(6)	仕　　入	280,000	前　払　金	80,000
			買　掛　金	200,000
(7)	現　　金	60,000	前　受　金	60,000
(8)	未　収　金	1,200	雑　収　入	1,200
(9)	備　　品	250,000	未　払　金	250,000
(10)	従業員立替金	50,000	現　　金	50,000
(11)	仮　払　金	60,000	現　　金	60,000
(12)	旅　　費	57,500	仮　払　金	60,000
	現　　金	2,500		
(13)	当座預金	100,000	仮　受　金	100,000
(14)	仮　受　金	100,000	売　掛　金	100,000
(15)	当座預金	275,800	手形借入金	280,000
	支払利息	4,200		
(16)	給　　料	790,000	所得税預り金	47,000
			従業員立替金	50,000
			社会保険料預り金	4,500
			現　　金	688,500

第6節　有価証券取引（p.50, 51）

【基本問題】

問1

	借方科目	金　額	貸方科目	金　額
(1)	有価証券	2,727,000	当座預金	2,727,000
(2)	有価証券	1,287,000	未　払　金	1,275,000
			当座預金	12,000
(3)	有価証券	4,950,000	当座預金	4,950,000
(4)	有価証券	1,993,000	未　払　金	1,988,000
			現　　金	5,000

問2

	借方科目	金額	貸方科目	金額
(1)	未 収 金	915,000	有 価 証 券 有価証券売却益	909,000 6,000
(2)	現 金 有価証券売却損	1,280,000 7,000	有 価 証 券	1,287,000
(3)	現 金	4,970,000	有 価 証 券 有価証券売却益	4,950,000 20,000
(4)	未 収 金	997,000	有 価 証 券 有価証券売却益	996,500 500

【練習問題】
問1

	借方科目	金額	貸方科目	金額
(1)	有 価 証 券	970,000	未 払 金	970,000
(2)	有 価 証 券	2,945,000	未 払 金	2,945,000
(3)	有 価 証 券	2,394,000	当 座 預 金	2,394,000
(4)	未 収 金	2,075,000	有 価 証 券 有価証券売却益	1,750,000 325,000
(5)	当 座 預 金 有価証券売却損	970,000 10,000	有 価 証 券	980,000

第7節 有形固定資産取引 (p.52, 53)
【基本問題】
問1

	借方科目	金額	貸方科目	金額
(1)	土 地	15,500,000	当 座 預 金 未 払 金 現 金	5,000,000 10,000,000 500,000
(2)	土 地	1,000,000	当 座 預 金	1,000,000
(3)	建 物	10,000,000	当 座 預 金 未 払 金	1,000,000 9,000,000
(4)	建 物	150,000	現 金	150,000

【練習問題】
問1

	借方科目	金額	貸方科目	金額
(1)	建 物	5,680,000	当 座 預 金	5,680,000
(2)	備 品	530,000	当 座 預 金	530,000
(3)	車両運搬具	1,200,000	当 座 預 金	1,200,000
(4)	土 地	18,150,000	当 座 預 金 未 払 金 現 金	3,000,000 15,000,000 150,000

第8節 株式会社の税金 (p.54, 55)
【基本問題】
問1

	借方科目	金額	貸方科目	金額
(1)	租 税 公 課 通 信 費	20,000 5,000	現 金	25,000
(2)	租 税 公 課	15,000	現 金	15,000
(3)	租 税 公 課	15,000	現 金	15,000
(4)	租 税 公 課	160,000	未 払 税 金	160,000
(5)	未 払 税 金	40,000	現 金	40,000

問2

	借方科目	金額	貸方科目	金額
(1)	仕 入 仮払消費税	200,000 20,000	買 掛 金	220,000
(2)	売 掛 金	275,000	売 上 仮受消費税	250,000 25,000

【練習問題】
問1

	借方科目	金額	貸方科目	金額
(1)	仕 入 仮払消費税	80,000 8,000	買 掛 金	88,000
(2)	売 掛 金	220,000	売 上 仮受消費税	200,000 20,000
(3)	租 税 公 課	20,000	現 金	20,000
(4)	租 税 公 課	200,000	未 払 税 金	200,000
(5)	未 払 税 金	50,000	現 金	50,000
(6)	租 税 公 課 通 信 費	3,000 1,000	現 金	4,000

第9節 株式会社の資本取引 (p.56)
【基本問題】
問1

	借方科目	金額	貸方科目	金額
(1)	当 座 預 金	36,000,000	資 本 金	36,000,000
(2)	当 座 預 金	20,000,000	資 本 金	20,000,000

【練習問題】
問1

	借方科目	金額	貸方科目	金額
(1)	当 座 預 金	93,000,000	資 本 金	93,000,000
(2)	当 座 預 金	63,750,000	資 本 金	63,750,000

第10節　証ひょうと伝票（p.57～65）

【基本問題】

問1

	借方科目	金　額	貸方科目	金　額
(1)	仕　　入	775,000	買掛金	852,500
	仮払消費税	77,500		
(2)	消耗品費	52,000	未払金	52,000

問2

	借方科目	金　額	貸方科目	金　額
(1)	備　　品	2,856,000	仮払金	2,856,000
(2)	消耗品費	6,000	未払金	276,000
	備　　品	270,000		

問3

```
振　替　伝　票　　No. 31
        01 年 1 月 16 日        承認印 主帳印 会計印 係印 ㊞

金　　額 | 借方科目 | 摘　要 | 貸方科目 | 金　　額
270000 | 買掛金 | 群馬商事（株） 支払手形 | 270000
       |      | 買掛金の支払い |
¥270000 |      合         計      | ¥270000
```

```
入金伝票　　No. 23
     01 年 1 月 10 日        承認印 主帳印 会計印 係印 ㊞
科目  売掛金    入金先  埼玉商事（株）  殿
      摘         要    |  金    額
売掛金の回収           |  120000
      合         計    | ¥120000
```

```
出金伝票　　No. 55
     01 年 1 月 23 日        承認印 主帳印 会計印 係印 ㊞
科目  仕　入    支払先  栃木商事（株）  殿
      摘         要    |  金    額
商品の仕入代金の支払い |  180000
      合         計    | ¥180000
```

問4

```
                現            金
9/8 （売掛金） 320,000 | 9/14（仕　入）［120,000］
```

```
                売   掛   金
                       | 9/8 （現　金）［320,000］
```

```
                支   払   手   形
                       | 9/23（買掛金）［600,000］
```

```
                買   掛   金
9/23（支払手形）［600,000］|
```

```
                仕            入
9/14（現　金）［120,000］|
```

【練習問題】

問1

借方科目	金　額	貸方科目	金　額
現　　金	175,000	売　　上	250,000
受 取 手 形	100,000	仮受消費税	25,000

問2

```
          振　替　伝　票        No. 12
             01 年 8 月 10 日
科　目 | 金　　額 | 科　　目 | 金　　額
備　品 | 130,000 | 未 払 金 | 130,000
```

```
   入 金 伝 票  No. 25        出 金 伝 票  No. 33
    01 年 8 月 11 日            01 年 8 月 8 日
科　目 | 金　額             科　目 | 金　額
当座預金 | 250,000          仮払金 | 30,000
```

問3

```
                現            金
5/1 前月繰越 120,000 | 5/12（買掛金）［150,000］
  4 （売掛金）［230,000］| 31 次月繰越 ［200,000］
               ［350,000］|             ［350,000］
6/1 前月繰越 ［200,000］|
```

```
                売   掛   金
5/1 前月繰越 280,000 | 5/4 （現　金）［230,000］
 28 （売　上）［300,000］| 31 次月繰越 ［350,000］
              ［580,000］|            ［580,000］
6/1 前月繰越 ［350,000］|
```

```
                買   掛   金
5/12（現　金）［150,000］| 5/1 前月繰越 190,000
 31 次月繰越 ［ 40,000］|
            ［190,000］|              ［190,000］
                       | 6/1 前月繰越 ［ 40,000］
```

```
                売            上
                       | 5/28（売掛金）［300,000］
```

第3章　決　算

第1節　決算整理（p.66～71）

【基本問題】

問1

（1）

日付	借方科目	金　額	貸方科目	金　額
3/31	仕　入	130,000	繰越商品	130,000
	繰越商品	150,000	仕　入	150,000

繰 越 商 品

4/1 前期繰越 *130,000*	3/31 仕　　入 *130,000*
3/31 仕　　入 *150,000*	

仕　　入

4,350,000	3/31 繰越商品 *150,000*
3/31 繰越商品 *130,000*	

（2）　¥4,330,000

問2

日付	借方科目	金　額	貸方科目	金　額
3/31	仕　　入	*240,000*	繰越商品	*240,000*
	繰越商品	*100,000*	仕　　入	*100,000*

繰 越 商 品

4/1 前期繰越 *240,000*	3/31 仕　　入 *240,000*
3/31 仕　　入 *100,000*	

仕　　入

4,560,000	3/31 繰越商品 *100,000*
3/31 繰越商品 *240,000*	

問3

(ア) ¥6,400,000	(イ) ¥7,680,000	(ウ) ¥5,440,000
(エ) ¥1,080,000		

問4

日付	借方科目	金　額	貸方科目	金　額
3/31	貸倒引当金繰入	*1,100*	貸倒引当金	*1,100*

問5

日付	借方科目	金　額	貸方科目	金　額
3/31	貸倒引当金繰入	*2,000*	貸倒引当金	*2,000*

問6

日付	借方科目	金　額	貸方科目	金　額
3/31	貸倒引当金繰入	*1,500*	貸倒引当金	*1,500*

問7

	借方科目	金　額	貸方科目	金　額
(ア)	貸倒引当金	*15,000*	売掛金	*15,000*
(イ)	貸倒引当金	*12,000*	売掛金	*15,000*
	貸倒損失	*3,000*		

問8

	借方科目	金　額	貸方科目	金　額
(1)	貸倒引当金	*50,000*	売掛金	*50,000*
(2)	貸倒損失	*12,000*	売掛金	*12,000*

問9

日付	借方科目	金　額	貸方科目	金　額
3/31	減価償却費	*100,000*	建　物	*100,000*

問10

日付	借方科目	金　額	貸方科目	金　額
3/31	減価償却費	*120,000*	備品	*120,000*

問11

日付	借方科目	金　額	貸方科目	金　額
3/31	減価償却費	*20,000*	建　　物	*10,000*
			備　　品	*10,000*

問12

固定資産台帳
03 年 3 月 31 日現在

取得年月日	種　類	耐用年数	取得原価	期首帳簿価額	当期減価償却費	期末帳簿価額
備　品						
01.4/2	事務用パソコン	4 年	*180,000*	*135,000*	*45,000*	*90,000*
02.8/1	会議用テーブル	12 年	*144,000*	*0*	*8,000*	*136,000*

問13

日付	借方科目	金　額	貸方科目	金　額
01.9/1	保険料	*18,000*	現　金	*18,000*
02.3/31	前払保険料	*7,500*	保険料	*7,500*

問14

日付	借方科目	金　額	貸方科目	金　額
01.11/30	広告費	*600,000*	現　金	*600,000*
02.3/31	広告費	*400,000*	未払広告費	*400,000*

問15

日付	借方科目	金　額	貸方科目	金　額
3/31	雑　損	*1,000*	現金過不足	*1,000*

問16

日付	借方科目	金　額	貸方科目	金　額
3/31	現金過不足	*20,000*	売掛金	*18,000*
			雑　益	*2,000*

問 17

日付	借方科目	金　額	貸方科目	金　額
3 /31	現　　金	500	雑　　益	500

問 18

日付	借方科目	金　額	貸方科目	金　額
01. 7 / 7	消耗品費	64,000	現　　金	64,000
02. 3 /31	消耗品	8,500	消耗品費	8,500

第 2 節　精算表（p.72～79）

【基本問題】

問 1

（1）

	借方科目	金　額	貸方科目	金　額
①	仕　　　入	57,000	繰 越 商 品	57,000
	繰 越 商 品	45,000	仕　　　入	45,000
②	貸倒引当金繰入	4,000	貸倒引当金	4,000
③	減価償却費	6,000	備　　　品	6,000
④	雑　　　損	200	現金過不足	200

（2）

精　算　表

02 年 3 月 31 日

勘 定 科 目	残 高 試 算 表 借 方	残 高 試 算 表 貸 方	整 理 記 入 借 方	整 理 記 入 貸 方	損 益 計 算 書 借 方	損 益 計 算 書 貸 方	貸 借 対 照 表 借 方	貸 借 対 照 表 貸 方
現　　　　金	25,000						25,000	
現 金 過 不 足	200			200				
当 座 預 金	37,000						37,000	
売 　掛　 金	120,000						120,000	
貸 倒 引 当 金		2,000		4,000				6,000
貸 　付　 金	32,000						32,000	
繰 越 商 品	57,000		45,000	57,000			45,000	
備　 　　品	36,000			6,000			30,000	
買 　掛　 金		97,500						97,500
資 　本　 金		150,000						150,000
繰越利益剰余金		20,000						20,000
売　　　　上		558,900				558,900		
受 取 利 息		1,600				1,600		
仕　　　　入	492,000		57,000	45,000	504,000			
給　　　　料	12,000				12,000			
消 耗 品 費	4,000				4,000			
支 払 地 代	10,000				10,000			
保 　険　 料	4,800				4,800			
	830,000	830,000						
貸倒引当金繰入			4,000		4,000			
減 価 償 却 費			6,000		6,000			
（雑　　　損）			200		200			
当期純（利益）					15,500			15,500
			112,200	112,200	560,500	560,500	289,000	289,000

問2

精　算　表

勘定科目	残高試算表 借方	残高試算表 貸方	整理記入 借方	整理記入 貸方	損益計算書 借方	損益計算書 貸方	貸借対照表 借方	貸借対照表 貸方
現　　　金	982,000						982,000	
現金過不足		20,000	20,000					
売　掛　金	1,000,000						1,000,000	
貸倒引当金		5,000		15,000				20,000
有価証券	960,000						960,000	
繰越商品	840,000		880,000	840,000			880,000	
貸　付　金	1,000,000						1,000,000	
備　　　品	450,000			75,000			375,000	
買　掛　金		710,000						710,000
資　本　金		4,500,000						4,500,000
繰越利益剰余金		586,000						586,000
売　　　上		5,181,000				5,181,000		
受取利息		56,000				56,000		
仕　　　入	3,874,000		840,000	880,000	3,834,000			
給　　　料	997,000				997,000			
保　険　料	78,000			58,000	20,000			
広　告　費	252,000		67,000		319,000			
支払家賃	420,000				420,000			
消耗品費	110,000			39,000	71,000			
雑　　　費	95,000				95,000			
	11,058,000	11,058,000						
貸倒引当金繰入			15,000		15,000			
減価償却費			75,000		75,000			
雑　　　益				20,000		20,000		
前払保険料			58,000				58,000	
未払広告費				67,000				67,000
消　耗　品			39,000				39,000	
当期純(損失)						589,000	589,000	
			1,994,000	1,994,000	5,846,000	5,846,000	5,883,000	5,883,000

【練習問題】
問1

精 算 表

勘定科目	残高試算表 借方	残高試算表 貸方	整理記入 借方	整理記入 貸方	損益計算書 借方	損益計算書 貸方	貸借対照表 借方	貸借対照表 貸方
現　　　　金	510,000						510,000	
現 金 過 不 足		12,000	12,000					
当 座 預 金	1,132,000						1,132,000	
売 　掛 　金	2,700,000						2,700,000	
貸 倒 引 当 金		34,000		20,000				54,000
繰 越 商 品	970,000		1,210,000	970,000			1,210,000	
貸 　付 　金	800,000						800,000	
未 　収 　金	480,000						480,000	
備 　　　品	1,000,000			250,000			750,000	
買 　掛 　金		1,828,000						1,828,000
資 　本 　金		4,000,000						4,000,000
繰越利益剰余金		594,500						594,500
売 　　　上		14,191,000				14,191,000		
受 取 利 息		26,500				26,500		
仕 　　　入	9,800,000		970,000	1,210,000	9,560,000			
給 　　　料	2,200,000		120,000		2,320,000			
支 払 家 賃	800,000			200,000	600,000			
消 耗 品 費	190,000			40,000	150,000			
通 　信 　費	38,000				38,000			
雑 　　　費	66,000				66,000			
	20,686,000	20,686,000						
貸倒引当金繰入			20,000		20,000			
減 価 償 却 費			250,000		250,000			
雑 　　　益				12,000		12,000		
消 　耗 　品			40,000				40,000	
未 払 給 料				120,000				120,000
前 払 家 賃			200,000				200,000	
当期純（利益）					1,225,500			1,225,500
			2,822,000	2,822,000	14,229,500	14,229,500	7,822,000	7,822,000

問2

精算表

勘定科目	残高試算表 借方	残高試算表 貸方	整理記入 借方	整理記入 貸方	損益計算書 借方	損益計算書 貸方	貸借対照表 借方	貸借対照表 貸方
現　　　金	825,000						825,000	
現金過不足	3,600			3,600				
当 座 預 金	1,208,400						1,208,400	
売　掛　金	2,500,000						2,500,000	
貸倒引当金		22,000		28,000				50,000
繰 越 商 品	880,000		990,000	880,000			990,000	
貸　付　金	1,350,000						1,350,000	
備　　　品	1,200,000			200,000			1,000,000	
買　掛　金		1,988,000						1,988,000
未　払　金		300,000						300,000
資　本　金		4,000,000						4,000,000
繰越利益剰余金		620,000						620,000
売　　　上		15,186,500				15,186,500		
受 取 利 息		67,500				67,500		
仕　　　入	10,650,000		880,000	990,000	10,540,000			
給　　　料	2,400,000		150,000		2,550,000			
支 払 家 賃	840,000			140,000	700,000			
消 耗 品 費	122,000			28,000	94,000			
通　信　費	155,000				155,000			
雑　　　費	50,000				50,000			
	22,184,000	22,184,000						
貸倒引当金繰入			28,000		28,000			
減価償却費			200,000		200,000			
雑　　　損			3,600		3,600			
消　耗　品			28,000				28,000	
未 払 給 料				150,000				150,000
前 払 家 賃			140,000				140,000	
当期純（利益）					933,400			933,400
			2,419,600	2,419,600	15,254,000	15,254,000	8,041,400	8,041,400

第3節　帳簿の締切り（帳簿決算）（p.80〜87）

【基本問題】

問1

借方科目	金　額	貸方科目	金　額
売　　上	15,000	損　　益	15,000

問2

借方科目	金　額	貸方科目	金　額
損　　益	9,000	給　　料	9,000

問3

日付	借方科目	金　額	貸方科目	金　額
3/31	売　　上 受 取 利 息	85,000 2,000	損　　益	87,000

```
              売        上
3/31 損  益  85,000 |            85,000

              受 取 利 息
3/31 損  益   2,000 |             2,000

              損        益
                     | 3/31 売   上  85,000
                     |  〃 受取利息   2,000
```

問4

日付	借方科目	金　額	貸方科目	金　額
3/31	損　　益	62,000	仕　　入 給　　料	50,000 12,000

— 18 —

仕　　入

	50,000	3/31 損　　益	50,000

給　　料

	12,000	3/31 損　　益	12,000

損　　益

3/31 仕　　入	50,000		
〃 給　　料	12,000		

問5

日付	借方科目	金　額	貸方科目	金　額
3/31	損　　益	25,000	繰越利益剰余金	25,000

繰越利益剰余金

			200,000
		3/31 損　　益	25,000

損　　益

3/31 仕　　入	50,000	3/31 売　　上	85,000
〃 給　　料	12,000	〃 受取利息	2,000
〃 繰越利益剰余金	25,000		

問6

日付	借方科目	金　額	貸方科目	金　額
3/31	売　　上	324,000	損　　益	330,000
	雑 収 入	6,000		
〃	損　　益	310,000	仕　　入	250,000
			給　　料	48,000
			貸倒引当金繰入	2,000
			減価償却費	10,000
〃	損　　益	20,000	繰越利益剰余金	20,000

売　　上

3/31 損　　益	324,000		324,000

雑　収　入

3/31 損　　益	6,000		6,000

仕　　入

	250,000	3/31 損　　益	250,000

給　　料

	48,000	3/31 損　　益	48,000

貸倒引当金繰入

	2,000	3/31 損　　益	2,000

減価償却費

	10,000	3/31 損　　益	10,000

繰越利益剰余金

			66,000
		3/31 損　　益	20,000

損　　益

3/31 仕　　入	250,000	3/31 売　　上	324,000
〃 給　　料	48,000	〃 雑 収 入	6,000
〃 貸倒引当金繰入	2,000		
〃 減価償却費	10,000		
〃 繰越利益剰余金	20,000		

問7

仕　　入

	50,000	3/31 損　　益	50,000

損　　益

3/31 仕　　入	50,000	3/31 売　　上	85,000
〃 給　　料	12,000	〃 受取利息	2,000
〃 繰越利益剰余金	25,000		
	87,000		87,000

問8

現　　金

	20,000		40,000
	60,000	3/31 次期繰越	87,000
	47,000		
	127,000		127,000
4/1 前期繰越	87,000		

繰越利益剰余金

3/31 次期繰越	227,000		200,000
		3/31 損　　益	27,000
	227,000		227,000
		4/1 前期繰越	227,000

問9

損　益　計　算　書

甲府商事(株)　01年4月1日から02年3月31日まで　（単位：円）

費　　用	金　　額	収　　益	金　　額
売 上 原 価	340,000	売　上　高	419,000
給　　料	35,500	受 取 利 息	1,300
貸倒引当金繰入	2,700		
減価償却費	5,900		
支 払 家 賃	12,000		
雑　　費	1,400		
（当期純利益）	22,800		
	420,300		420,300

問10 損 益 計 算 書

大阪商事(株)　01年4月1日から02年3月31日まで　（単位：円）

費　　用	金　　額	収　　益	金　　額
売 上 原 価	18,127,100	売 上 高	25,000,000
給　　料	2,400,000	（受取利息）	131,800
支 払 家 賃	1,200,000	（雑　　益）	2,850
通 信 費	383,500		
貸倒引当金繰入	30,900		
（減価償却費）	350,000		
租 税 公 課	289,600		
雑　　費	424,600		
（当期純利益）	1,928,950		
	25,134,650		25,134,650

貸 借 対 照 表

大阪商事(株)　02年3月31日　　（単位：円）

資　　産	金　　額	負債および純資産	金　　額
現　　金	913,100	支 払 手 形	1,570,000
当 座 預 金	1,512,150	買 掛 金	3,446,000
売 掛 金（4,470,000）		（前 受 金）	100,000
（貸倒引当金）（89,400）	4,380,600	資 本 金	4,000,000
商　　品	1,442,300	（繰越利益剰余金）	2,582,150
貸 付 金	1,700,000		
備　　品	1,750,000		
	11,698,150		11,698,150

【練習問題】
問1　　損 益 計 算 書

上尾商事(株)　01年4月1日から02年3月31日まで　（単位：円）

費　　用	金　　額	収　　益	金　　額
売 上 原 価	6,368,000	売 上 高	9,510,000
給　　料	970,000	受 取 利 息	29,000
（貸倒引当金繰入）	75,500		
（減価償却費）	100,000		
発 送 費	96,000		
支 払 家 賃	417,000		
保 険 料	36,000		
消 耗 品 費	50,000		
雑　　費	56,000		
（当期純利益）	1,370,500		
	9,539,000		9,539,000

貸 借 対 照 表

上尾商事(株)　02年3月31日　　　　（単位：円）

資　　産	金　　額	負債および純資産	金　　額
現　　金	1,488,000	買 掛 金	2,380,000
当 座 預 金	1,283,000	前 受 金	230,000
受 取 手 形（850,000）		（未払家賃）	35,000
（貸倒引当金）（42,500）	807,500	資 本 金	4,000,000
売 掛 金（2,300,000）		（繰越利益剰余金）	2,370,500
（貸倒引当金）（115,000）	2,185,000		
有 価 証 券	990,000		
（商　　品）	1,250,000		
貸 付 金	300,000		
（前払保険料）	12,000		
備　　品	700,000		
	9,015,500		9,015,500

第4章　応　用

1　現金・預金取引 （p.88, 89）

問1

日付	借方科目	金　額	貸方科目	金　額
6/10	現　　金	10,000	売 掛 金	10,000
17	当 座 預 金	20,000	売 掛 金	20,000

問2

日付	借方科目	金　額	貸方科目	金　額
（1） 3/31	当 座 預 金	2,400	当 座 借 越	2,400
（2） 6/13	買 掛 金	250,000	当 座 預 金	250,000
20	通 信 費	25,000	当 座 預 金	25,000
25	当 座 預 金	300,000	売 掛 金	300,000

当座預金出納帳

01年		摘　　　　要	預　入	引　出	借／貸	残　高
6	1	前月繰越	210,000		借	210,000
	13	買掛金支払い，川越商事，小切手#12		250,000	貸	40,000
	20	5月分通信費自動引落とし		25,000	〃	65,000
	25	売掛金回収，大宮商事	300,000		借	235,000

問3

借方科目	金　額	貸方科目	金　額
当座預金池袋銀行	300,000	現　　　金	600,000
当座預金豊島信用金庫	300,000		

2　商品売買取引 （p.90）

問1

商 品 有 高 帳

移動平均法　　　　　　　　　　　　　　　商 品 C　　　　　　　　　　　　　　　（単位：円）

01年		摘　要	受　入			払　出			残　高		
			数　量	単　価	金　額	数　量	単　価	金　額	数　量	単　価	金　額
7	1	前月繰越	200	300	60,000				200	300	60,000
	3	売 上 げ				120	300	36,000	80	300	24,000
	7	売上戻り	20	300	6,000				100	300	30,000
	10	仕 入 れ	300	308	92,400				400	306	122,400
	23	売 上 げ				360	306	110,160	40	306	12,240
	31	次月繰越				40	306	12,240			
			520		158,400	520		158,400			
8	1	前月繰越	40	306	12,240				40	306	12,240

3　掛け取引 （p.91）

問1

	借方科目	金　額	貸方科目	金　額
(1)	クレジット売掛金	171,000	売　　　上	180,000
	支払手数料	9,000		
(2)	当 座 預 金	171,000	クレジット売掛金	171,000

4　手形取引 （p.92, 93）

問1

		借方科目	金　額	貸方科目	金　額
(1)	前橋商事	買 掛 金	150,000	電子記録債務	150,000
	高崎商事	電子記録債権	150,000	売 掛 金	150,000

		借方科目	金　額	貸方科目	金　額
(2)	太田商事	電子記録債権	280,000	売 掛 金	280,000
	桐生商事	買 掛 金	280,000	電子記録債務	280,000
(3)	前橋商事	電子記録債務	150,000	当 座 預 金	150,000
	高崎商事	普 通 預 金	150,000	電子記録債権	150,000

問2

日付	借方科目	金　額	貸方科目	金　額
9 / 3	受取手形	350,000	売　　　上	350,000
7	受取手形	280,000	売 掛 金	280,000
11/ 3	当座預金	350,000	受取手形	350,000

受取手形記入帳

01年		摘　　　要	金　額	手形種類	手形番号	支払人	振出人または裏書人	振出日		支払期日		支払場所	てん末		
								月	日	月	日		月	日	摘　要
9	3	売 上 げ	350,000	約手	5	小山商事	小山商事	9	3	11	3	栃木銀行本店	11	3	受取り
	7	売掛金回収	280,000	約手	3	佐野商事	佐野商事	9	7	12	7	日光銀行本店			

5　その他の債権・債務の取引 （p.94, 95）

問1

借方科目	金　額	貸方科目	金　額
現　　　金	800,000	役員借入金	800,000

問2

日付	借方科目	金　額	貸方科目	金　額
7 /25	社会保険料預り金	7,200	普 通 預 金	14,400
	法定福利費	7,200		
8 / 5	所得税預り金	86,000	現　　　金	86,000

問3

	借方科目	金額	貸方科目	金額
(1)	仮 払 金	15,000	現　　金	15,000
(2)	旅費交通費	320	仮 払 金	320

問4

	借方科目	金額	貸方科目	金額
(1)	受取商品券 現　　金	9,000 1,000	売　　上	10,000
(2)	普通預金	520,000	受取商品券	520,000

問5

借方科目	金額	貸方科目	金額
差入保証金	200,000	普通預金	500,000
支払手数料	100,000		
支 払 家 賃	200,000		

6　株式会社の税金 (p.96)

問1

日付	借方科目	金額	貸方科目	金額
01.11/27	仮払法人税等	400,000	当座預金	400,000
02. 3/31	法人税、住民税 及び事業税	850,000	仮払法人税等 未払法人税等	400,000 450,000
02. 5/29	未払法人税等	450,000	当座預金	450,000

問2

日付	借方科目	金額	貸方科目	金額
3 /31	仮受消費税	380,000	仮払消費税 未払消費税	250,000 130,000
5 /30	未払消費税	130,000	普通預金	130,000

7　株式会社の資本取引 (p.97)

問1

日付	借方科目	金額	貸方科目	金額
02. 3/31	損　　益	900,000	繰越利益剰余金	900,000
02. 6/27	繰越利益剰余金	770,000	未払配当金 利益準備金	700,000 70,000
02. 6/28	未払配当金	700,000	当座預金	700,000

8　伝　票 (p.98, 99)

問1

(1)

入 金 伝 票 01 年 7 月 7 日		
科　目	金　額	
売　　上	10,000	

振 替 伝 票 01 年 7 月 7 日			
科　目	金　額	科　目	金　額
売 掛 金	40,000	売　　上	40,000

(2)

入 金 伝 票 01 年 7 月 7 日	
科　目	金　額
売 掛 金	10,000

振 替 伝 票 01 年 7 月 7 日			
科　目	金　額	科　目	金　額
売 掛 金	50,000	売　　上	50,000

問2

①	②	③
仕　　入	200,000	出　　金
④	**⑤**	
売 掛 金	300,000	

9　決算整理 (p.100〜105)

問1

借方科目	金　額	貸方科目	金　額
売 上 原 価	10,000	繰 越 商 品	10,000
売 上 原 価	280,000	仕　入	280,000
繰 越 商 品	12,000	売 上 原 価	12,000

問2

	借方科目	金　額	貸方科目	金　額
(1)	貸倒引当金	2,000	貸倒引当金戻入	2,000
(2)	現　　金	100,000	償却債権取立益	100,000

【解説】
（1）貸倒見積額
（¥350,000＋¥250,000）×3％＋¥300,000×1％
＝¥21,000
貸倒引当金の残高　¥23,000
貸倒引当金残高が貸倒見積額より¥2,000多いので, 差額の¥2,000を貸倒引当金勘定から貸倒引当金戻入勘定へ振り替える。

問3

借方科目	金　額	貸方科目	金　額
減価償却費	35,000	備品減価償却累計額	35,000

【解説】

減価償却費　$¥360,000 ÷ 6 年 × \dfrac{7 か月（9月～3月）}{12 か月}$

$= ¥35,000$

問4

借方科目	金　額	貸方科目	金　額
備品減価償却累計額	350,000	備　　品	400,000
現　　金	30,000		
固定資産売却損	20,000		

問5

借方科目	金　額	貸方科目	金　額
車両運搬具減価償却累計額	1,350,000	車両運搬具	2,000,000
未収入金	720,000	固定資産売却益	70,000

【解説】
・売却時点での車両運搬具に関する勘定は次のとおりである。

車両運搬具		車両運搬具減価償却累計額	
2,000,000			1,350,000

減価償却累計額
$(¥2,000,000-¥200,000)÷8年×6回$
$=¥1,350,000$
※7年前の期首に取得した車両運搬具を当期の期首に売却したので，減価償却は6回行われている。

・固定資産売却益
売却価額　　　　　帳簿価額
$¥720,000-(¥2,000,000-¥1,350,000)=¥70,000$
（プラスの場合は売却益）

問6

日付	借方科目	金　額	貸方科目	金　額
01.11/1	現　　金	300,000	受取家賃	300,000
02.3/31	受取家賃	50,000	前受家賃	50,000
02.4/1	前受家賃	50,000	受取家賃	50,000

【解説】
・決算日において，受取家賃¥300,000のうち，5か月分（01年11月〜02年3月）が当期分，1か月分（02年4月）が次期分（前受分）である。

問7

日付	借方科目	金　額	貸方科目	金　額
02.3/31	未収利息	7,500	受取利息	7,500
02.4/1	受取利息	7,500	未収利息	7,500

【解説】
未収利息
$$¥600,000×3\%×\frac{5か月（01年11月〜02年3月）}{12か月}$$
$$=¥7,500$$

問8

借方科目	金　額	貸方科目	金　額
当座預金	3,500	当座借越	3,500

問9

日付	借方科目	金　額	貸方科目	金　額
01.5/11	租税公課	30,000	現　　金	30,000
02.3/31	貯蔵品	4,500	租税公課	4,500
02.4/1	租税公課	4,500	貯蔵品	4,500

問10

	借方科目	金　額	貸方科目	金　額
(1)	当座預金	2,500	当座借越	2,500
(2)	貯蔵品	1,500	通信費	1,500
(3)	仮受消費税	240,000	仮払消費税	180,000
			未払消費税	60,000
(4)	法人税、住民税及び事業税	95,000	仮払法人税等	42,000
			未払法人税等	53,000

問11

決算整理後残高試算表
02年3月31日

借　　方	勘定科目	貸　　方
794,000	現　　　　金	
1,100,000	売　掛　金	
360,000	繰越商品	
480,000	備　　　　品	
	買　掛　金	628,000
	借　入　金	300,000
	貸倒引当金	22,000
	備品減価償却累計額	220,000
	資　本　金	1,000,000
	繰越利益剰余金	260,000
	売　　　　上	5,780,000
	受取手数料	45,000
3,916,000	仕　　　　入	
960,000	給　　　料	
420,000	支払家賃	
14,400	租税公課	
2,000	雑　　　費	
	雑　　　益	200
19,200	貸倒引当金繰入	
60,000	減価償却費	
60,000	前払家賃	
5,000	支払利息	
	未払利息	5,000
1,600	貯蔵品	
148,000	法人税、住民税及び事業税	
	未払法人税等	80,000
8,340,200		8,340,200

— 23 —

【解説】

	借方	金額	貸方	金額
1.	（現金過不足）	5,200	（受取手数料）	5,000
			（雑　　益）	200
2.	（仕　　入）	336,000	（繰越商品）	336,000
	（繰越商品）	360,000	（仕　　入）	360,000
3.	（貸倒引当金繰入）	19,200	（貸倒引当金）	19,200
4.	（減価償却費）	60,000	（備品減価償却累計額）	60,000
5.	（前払家賃）	60,000	（支払家賃）	60,000
6.	（支払利息）	5,000	（未払利息）	5,000
7.	（貯蔵品）	1,600	（租税公課）	1,600
8.	（法人税、住民税及び事業税）	148,000	（仮払法人税等）	68,000
			（未払法人税等）	80,000

第5章 発展

1 仕訳問題（p.106〜111）

問1 現金・預金取引

	借方科目	金額	貸方科目	金額
1-1	外貨預金	162,000	現　金	162,000
1-2	現　金	55,000	外貨預金	54,000
			為替差益	1,000
2	外貨預金	100,000	為替差益	100,000
3	為替差損	7,000	外貨預金	7,000

問2 商品売買取引

	借方科目	金額	貸方科目	金額
1	売　上	4,000	売掛金	4,000
2	買掛金	6,500	仕　入	6,500

問3 手形取引

	借方科目	金額	貸方科目	金額
1	仕　入	430,000	受取手形	250,000
			買掛金	180,000
2	当座預金	396,000	受取手形	400,000
	手形売却損	4,000		
3	支払手形	1,000,000	支払手形	1,000,000
	支払利息	5,000	現　金	5,000
4	受取手形	804,000	受取手形	800,000
			受取利息	4,000
5	不渡手形	202,000	受取手形	200,000
			現　金	2,000
6	貸倒引当金	500,000	不渡手形	600,000
	貸倒損失	100,000		
7	備　品	789,000	営業外支払手形	789,000
8	備品減価償却累計額	300,000	備　品	600,000
	営業外受取手形	400,000	固定資産売却益	100,000

問4 有価証券取引

	借方科目	金額	貸方科目	金額
1	売買目的有価証券	1,600	有価証券運用損益	1,600
2	有価証券運用損益	300	売買目的有価証券	300

問5 有形固定資産取引

	借方科目	金額	貸方科目	金額
1	建設仮勘定	5,000,000	当座預金	5,000,000
2	建　物	8,000,000	建設仮勘定	5,000,000
			当座預金	3,000,000
3	投資不動産	18,000,000	営業外支払手形	18,000,000

問6 株式会社の資本取引

	借方科目	金額	貸方科目	金額
1	当座預金	90,000,000	資本金	50,000,000
			資本準備金	40,000,000
	創立費	450,000	当座預金	450,000
2	当座預金	36,000,000	資本金	18,000,000
			資本準備金	18,000,000
	株式交付費	250,000	当座預金	250,000
3	開業費	500,000	現　金	500,000

問7 決算整理

	借方科目	金額	貸方科目	金額
1	棚卸減耗費	1,500	繰越商品	2,950
	商品評価損	1,450		
2	修繕引当金繰入	400,000	修繕引当金	400,000
3	賞与引当金繰入	500,000	賞与引当金	500,000
4	商品保証引当金繰入	8,000	商品保証引当金	8,000

問8 本支店会計

		借方科目	金額	貸方科目	金額
1	本店	支　店	120,000	仕　入	120,000
	支店	仕　入	120,000	本　店	120,000
2	本店	支　店	50,000	現　金	50,000
	支店	買掛金	50,000	本　店	50,000
3	本店	広告費	80,000	支　店	80,000
	支店	本　店	80,000	現　金	80,000

2 本支店会計（p.112, 113）
問1

損 益 計 算 書

石川商事(株)　01年4月1日から02年3月31日まで　（単位：円）

費　　　用	金　　額	収　　　益	金　　額
(期首)商品棚卸高	1,550,000	当期商品売上高	11,604,000
当期商品純仕入高	7,824,000	(期末)商品棚卸高	1,420,000
棚 卸 減 耗 費	108,200		
商 品 評 価 損	55,800		
（売上総利益）	3,486,000		
	13,024,000		13,024,000
給　　　　料	1,136,000	売 上 総 利 益	3,486,000
支 払 家 賃	1,322,000	受 取 手 数 料	322,000
(貸倒引当金繰入)	11,000	有価証券運用益	32,000
(減価償却費)	204,000		
消 耗 品 費	634,000		
支 払 利 息	78,000		
（当期純利益）	455,000		
	3,840,000		3,840,000

本支店合併後の商品(繰越商品)	¥ 1,256,000
本支店合併後の備品の帳簿価額	¥ 1,104,000
本支店合併後の繰越利益剰余金	¥ 775,000

第6章　資格試験対策
1　全経3級対策（基本問題）（p.114～135）
仕　訳
問1

	借方科目	金　　額	貸方科目	金　　額
1	広 告 費	80,000	現　　　金	80,000
2	買 掛 金	3,000	仕　　　入	3,000
3	買 掛 金	120,000	支 払 手 形	120,000
4	現　　　金	224,000	前 受 金	224,000
5	普 通 預 金	3,000,000	借 入 金	3,000,000
6	手 形 貸 付 金	2,000,000	現　　　金	2,000,000
7	給　　　料	770,000	所得税預り金	53,000
			普 通 預 金	717,000
8	仮 払 金	90,000	現　　　金	90,000
9	旅　　　費	62,000	仮 払 金	70,000
	現　　　金	8,000		
10	支 払 手 付 金	80,000	現　　　金	80,000

問2

	借方科目	金　　額	貸方科目	金　　額
1	車 両 運 搬 具	2,200,000	未 払 金	2,200,000
2	租 税 公 課	121,000	普 通 預 金	121,000
3	仕　　　入	220,000	支 払 手 付 金	150,000
	仮払消費税	22,000	買 掛 金	92,000
4	受 取 手 形	330,000	売　　　上	540,000
	売 掛 金	264,000	仮受消費税	54,000
5	当 座 預 金	7,500,000	資 本 金	7,500,000
6	損　　　益	630,000	繰越利益剰余金	630,000
7	繰越利益剰余金	370,000	損　　　益	370,000
8	有 価 証 券	955,000	普 通 預 金	955,000
9	普 通 預 金	515,000	有 価 証 券	640,000
	有価証券売却損	125,000		
10	貸 倒 損 失	230,000	売 掛 金	230,000
11	貸倒引当金	198,000	売 掛 金	198,000
12	売 掛 金	7,000	売　　　上	7,000
	売 上 原 価	4,000	商　　　品	4,000
13	売　　　上	700	売 掛 金	700
	商　　　品	400	売 上 原 価	400
14	現　　　金	90,000	売　　　上	120,000
	売 掛 金	30,000		
	売 上 原 価	80,000	商　　　品	80,000

穴うめの計算問題
問3

(ア)	¥ 9,500	(イ)	¥ 800	(ウ)	¥ 15,700
(エ)	¥ 10,300				

問4

(ア)	¥ 3,810	(イ)	¥ 4,980	(ウ)	¥ 7,410

問5

(ア)	期末商品棚卸高	¥ 400,000
(イ)	売 上 総 利 益	¥ 3,110,000
(ウ)	期 首 負 債	¥ 10,243,000
(エ)	総 費 用	¥ 13,260,000

問6

(ア)	売 上 原 価	¥	8,110,000
(イ)	売 上 総 利 益	¥	4,500,000
(ウ)	期 首 資 産	¥	41,000,000
(エ)	当 期 純 利 益	¥	900,000

問7

(ア)	期首純資産(期首資本)	¥	17,300
(イ)	売 上 原 価	¥	19,800
(ウ)	売 上 総 利 益	¥	7,700
(エ)	当 期 純 利 益	¥	1,100

小口現金出納帳
問8

小口現金出納帳

受 入	01年		摘 要	支 払	内 訳				残 高
					通信費	交通費	消耗品費	雑 費	
30,000	6	2	前 週 繰 越						30,000
		〃	プリンター用紙代	2,600			2,600		27,400
		3	接客用菓子代	5,180				5,180	22,220
		4	タ ク シ ー 代	7,200		7,200			15,020
		5	郵 便 切 手 代	9,400	9,400				5,620
		6	フ ァ イ ル 代	3,240			3,240		2,380
			合 計	27,620	9,400	7,200	5,840	5,180	
27,620	6		本 日 補 給						30,000
		〃	次 週 繰 越	30,000					
57,620				57,620					
30,000	6	9	前 週 繰 越						30,000

問9

小口現金出納帳

受 入	01年		摘 要	支 払	内 訳				残 高
					通信費	交通費	消耗品費	雑 費	
50,000	7	1	前 月 繰 越						50,000
		3	郵 便 は が き	5,700	5,700				44,300
		8	ボ ー ル ペ ン	2,850			2,850		41,450
		12	タ ク シ ー 代	11,400		11,400			30,050
		17	電 話 料 金	8,850	8,850				21,200
		21	飲 料 代	3,450				3,450	17,750
		27	新聞料金，雑誌	9,600				9,600	8,150
			合 計	41,850	14,550	11,400	2,850	13,050	
41,850	7	31	本 日 補 給						50,000
		〃	次 月 繰 越	50,000					
91,850				91,850					
50,000	8	1	前 月 繰 越						50,000

仕入帳・売上帳関係
問10

仕 入 帳

日付		摘 要		金 額
3	3	大阪商事(株)	掛 け	
		A商品 300個 @¥350		105,000

仕入先（買掛金）元帳
大阪商事（株）

日付		摘　要	借　方	貸　方	借/貸	残　高
3	1	前 月 繰 越		80,000	貸	80,000
	3	仕 入 れ		105,000	〃	185,000
	8	支払い（小切手）	120,000		〃	65,000
	31	**次 月 繰 越**	**65,000**			
			185,000	185,000		
4	1	前 月 繰 越		65,000	貸	65,000

問 11

売　上　帳

日付		摘　要		金　額
8	5	東京商事（株）　　　　　　掛　け		
		B 商品　　400 個　　@¥500		200,000

得意先（売掛金）元帳
東京商事（株）

日付		摘　要	借　方	貸　方	借/貸	残　高
8	1	前 月 繰 越	100,000		借	100,000
	5	売 上 げ	200,000		〃	300,000
	9	回 収（小切手）		250,000	〃	50,000
	31	**次 月 繰 越**		**50,000**		
			300,000	300,000		
9	1	前 月 繰 越	50,000		借	50,000

問 12

当座預金出納帳

日付		摘　要	借　方	貸　方	借/貸	残　高
11	1	前 月 繰 越	200,000		借	200,000
	12	掛 け 代 金 回 収	30,000		〃	230,000
	25	家 賃 支 払 い		50,000	〃	180,000

売　上　帳

日付		摘　要		金　額
11	4	群馬商事（株）　　　　　　掛　け		
		C 商品　　50 個　　@¥800		40,000

得意先（売掛金）元帳
群馬商事（株）

日付		摘　要	借　方	貸　方	借/貸	残　高
11	1	前 月 繰 越	10,000		借	10,000
	4	売 上 げ	40,000		〃	50,000

栃木商事（株）

日付		摘　要	借　方	貸　方	借/貸	残　高
11	1	前 月 繰 越	90,000		借	90,000
	12	回 収（小切手）		30,000	〃	60,000

商品有高帳
問13

商 品 有 高 帳

先入先出法　　　　　　　　　　　D 商 品　　　　　　　　　　（単位：円）

01年		摘　要	受　入			払　出			残　高		
			数　量	単　価	金　額	数　量	単　価	金　額	数　量	単　価	金　額
5	1	前 月 繰 越	840	450	378,000				840	450	378,000
	4	売　上　げ				700	450	315,000	140	450	63,000
	8	仕　入　れ	600	460	276,000				{ 140	450	63,000
									600	460	276,000
	20	売　上　げ				{ 140	450	63,000			
						400	460	184,000	200	460	92,000
	22	仕　入　れ	500	480	240,000				{ 200	460	92,000
									500	480	240,000

問14

商 品 有 高 帳

先入先出法　　　　　　　　　　　E 商 品　　　　　　　　　　（単位：円）

01年		摘　要	受　入			払　出			残　高		
			数　量	単　価	金　額	数　量	単　価	金　額	数　量	単　価	金　額
7	1	前 月 繰 越	100	110	11,000				100	110	11,000
	3	仕　入　れ	400	120	48,000				{ 100	110	11,000
									400	120	48,000
	6	売　上　げ				{ 100	110	11,000			
						300	120	36,000	100	120	12,000
	13	仕　入　れ	200	120	24,000				300	120	36,000
	20	仕　入　れ	200	125	25,000				{ 300	120	36,000
									200	125	25,000
	24	売　上　げ				{ 300	120	36,000			
						100	125	12,500	100	125	12,500
	31	次 月 繰 越				100	125	12,500			
			900		108,000	900		108,000			
8	1	前 月 繰 越	100	125	12,500				100	125	12,500

商品販売益（粗利）　￥ 92,500

伝票から勘定口座へ転記
問 15

現　　　金
10/ 5 （売　掛　金）〈8〉[720,000]	10/14 （備　　　　品）〈18〉[340,000]

売　掛　金
	10/ 5 （現　　　　金）〈8〉[720,000]

当 座 預 金
	10/22 （買　掛　金）〈42〉[170,000]

買　掛　金
10/22 （当 座 預 金）〈42〉[170,000]	

備　　　品
10/14 （現　　　　金）〈18〉[340,000]	

問 16

現　　　金
1/10 （売　掛　金）〈9〉[440,000]	1/15 （前　払　金）〈19〉[300,000]

売　掛　金
	1/10 （現　　　　金）〈9〉[440,000]

前　払　金
1/15 （現　　　　金）〈19〉[300,000]	1/18 （仕　　　　入）〈44〉[300,000]

買　掛　金
	1/18 （仕　　　　入）〈44〉[550,000]

仕　　　入
1/18 （諸　　　　口）〈44〉[850,000]	

精算表
問17

精算表

勘定科目	残高試算表 借方	残高試算表 貸方	整理記入 借方	整理記入 貸方	損益計算書 借方	損益計算書 貸方	貸借対照表 借方	貸借対照表 貸方
現　　　金	315,000						315,000	
現金過不足		3,000	3,000					
当座預金	3,924,000						3,924,000	
売　掛　金	2,000,000						2,000,000	
貸倒引当金		25,000		15,000				40,000
繰越商品	360,000		910,000	360,000			910,000	
貸　付　金	1,000,000						1,000,000	
備　　　品	576,000			144,000			432,000	
買　掛　金		1,550,000						1,550,000
借　入　金		1,250,000						1,250,000
資　本　金		4,000,000						4,000,000
繰越利益剰余金		1,000,000						1,000,000
売　　　上		22,550,000				22,550,000		
受取利息		22,000				22,000		
仕　　　入	14,500,000		360,000	910,000	13,950,000			
給　　　料	6,175,000		494,000		6,669,000			
交　通　費	220,000				220,000			
通　信　費	125,000				125,000			
消耗品費	50,000			12,000	38,000			
支払家賃	975,000			150,000	825,000			
水道光熱費	115,000				115,000			
租税公課	25,000				25,000			
支払利息	40,000				40,000			
	30,400,000	30,400,000						
貸倒引当金繰入			15,000		15,000			
減価償却費			144,000		144,000			
雑　　　益				3,000		3,000		
消　耗　品			12,000				12,000	
未払給料				494,000				494,000
前払家賃			150,000				150,000	
当期純利益					409,000			409,000
			2,088,000	2,088,000	22,575,000	22,575,000	8,743,000	8,743,000

【解説】
1. （仕　　　　入）360,000　（繰　越　商　品）360,000　←期首
　　（繰　越　商　品）910,000　（仕　　　　入）910,000　←期末

　　　　　　　　　　　　　　　　　売掛金残高　　　　貸倒引当金残高
2. （貸倒引当金繰入）15,000　（貸　倒　引　当　金）15,000　¥2,000,000×2.0％−¥25,000＝¥15,000

　　　　　　　　　　　　　　　　　備品取得原価　残存価額　耐用年数
3. （減価償却費）144,000　（備　　　品）144,000　（¥720,000−¥0）÷5年＝¥144,000
4. （現金過不足）3,000　（雑　益）3,000
5. （消耗品）12,000　（消耗品費）12,000
6. （給　料）494,000　（未払給料）494,000
7. （前払家賃）150,000　（支払家賃）150,000

— 30 —

問18

精　算　表

勘定科目	残高試算表 借方	残高試算表 貸方	整理記入 借方	整理記入 貸方	損益計算書 借方	損益計算書 貸方	貸借対照表 借方	貸借対照表 貸方
現　　　　金	990,000						990,000	
現 金 過 不 足	5,000			5,000				
当 座 預 金	3,914,000						3,914,000	
売 　掛 　金	3,500,000						3,500,000	
貸 倒 引 当 金		25,000		10,000				35,000
繰 越 商 品	250,000		200,000	250,000			200,000	
貸 　付 　金	750,000						750,000	
備 　　　品	3,000,000			375,000			2,625,000	
買 　掛 　金		2,100,000						2,100,000
借 　入 　金		2,500,000						2,500,000
資 　本 　金		5,000,000						5,000,000
繰越利益剰余金		2,000,000						2,000,000
売 　　　上		12,800,000				12,800,000		
受 取 利 息		30,000				30,000		
仕 　　　入	8,650,000		250,000	200,000	8,700,000			
給 　　　料	1,300,000				1,300,000			
広 　告 　費	370,000		53,000		423,000			
通 　信 　費	140,000				140,000			
消 耗 品 費	44,000			4,000	40,000			
保 　険 　料	1,300,000			100,000	1,200,000			
水 道 光 熱 費	180,000				180,000			
租 税 公 課	40,000				40,000			
支 払 利 息	22,000				22,000			
	24,455,000	24,455,000						
貸倒引当金繰入			10,000		10,000			
減 価 償 却 費			375,000		375,000			
雑 　　　損			5,000		5,000			
消 　耗 　品			4,000				4,000	
未 払 広 告 費				53,000				53,000
前 払 保 険 料			100,000				100,000	
当 期 純 利 益					395,000			395,000
			997,000	997,000	12,830,000	12,830,000	12,083,000	12,083,000

【解説】

1. （仕　　　　入）250,000　（繰 越 商 品）250,000　←期首
　　（繰 越 商 品）200,000　（仕　　　　入）200,000　←期末

　　　　　　　　　　　　　　　売掛金残高　　　　　貸倒引当金残高
2. （貸倒引当金繰入）10,000　（貸 倒 引 当 金）10,000　¥3,500,000×1.0％－¥25,000＝¥10,000

　　　　　　　　　　　　　　　備品取得原価　残存価額
3. （減 価 償 却 費）375,000　（備　　　　品）375,000　（¥3,000,000－　¥0　）÷8年＝¥375,000

4. （雑　　　　損）5,000　（現 金 過 不 足）5,000

5. （消 　耗 　品）4,000　（消 耗 品 費）4,000

6. （広 　告 　費）53,000　（未 払 広 告 費）53,000

7. （前 払 保 険 料）100,000　（保 　険 　料）100,000

2 日商3級対策（応用問題）（p.136〜147）
仕 訳
問1

	借方科目	金 額	貸方科目	金 額
1	現金過不足	5,000	受取手数料	7,500
	旅費交通費	3,500	雑 益	1,000
2	当座預金	384,000	クレジット売掛金	400,000
	支払手数料	16,000		
3	電子記録債権	300,000	売 掛 金	300,000
4	前 受 金	35,000	売 上	357,000
	売 掛 金	322,000		
5	手形貸付金	250,000	普通預金	248,500
			受取利息	1,500
6	借 入 金	100,000	普通預金	103,000
	支払利息	3,000		
7	旅費交通費	52,000	仮 払 金	40,000
			未 払 金	12,000
8	土 地	22,800,000	普通預金	300,000
			未 払 金	22,500,000
9	建 物	3,100,000	普通預金	4,000,000
	修 繕 費	900,000		
10	租 税 公 課	9,000	現 金	9,000
11	租 税 公 課	230,000	当座預金	230,000
12	貯 蔵 品	5,300	租税公課	5,000
			通 信 費	300

試算表
問2

残 高 試 算 表
01年6月30日

借 方	勘 定 科 目	貸 方
142,000	現 金	
620,000	当 座 預 金	
190,000	受 取 手 形	
288,000	クレジット売掛金	
20,000	前 払 金	
180,000	繰 越 商 品	
300,000	備 品	
260,000	差 入 保 証 金	
	支 払 手 形	348,000
	買 掛 金	147,000
	所 得 税 預 り 金	7,500
	貸 倒 引 当 金	20,000
	備品減価償却累計額	90,000
	資 本 金	750,000
	繰越利益剰余金	484,000
	売 上	4,200,000
	受 取 利 息	1,500
1,965,000	仕 入	
950,000	給 料	
253,500	水 道 光 熱 費	
680,000	支 払 家 賃	
156,500	支 払 手 数 料	
43,000	消 耗 品 費	
6,048,000		6,048,000

【解説】

		借方		貸方	
6月1日	（当 座 預 金）	151,500	（貸 付 金）	150,000
			（受 取 利 息）	1,500
2日	（仕 入）	120,000	（前 払 金）	37,500
			（買 掛 金）	82,500
3日	（クレジット売掛金）	288,000	（売 上）	300,000
	（支 払 手 数 料）	12,000		
4日	（買 掛 金）	90,000	（支 払 手 形）	90,000
7日	（所 得 税 預 り 金）	10,000	（現 金）	10,000
9日	（差 入 保 証 金）	160,000	（当 座 預 金）	240,000
	（支 払 手 数 料）	80,000		
11日	（仕 入）	195,000	（支 払 手 形）	195,000
13日	（受 取 手 形）	100,000	（売 上）	100,000
15日	（支 払 手 形）	125,000	（当 座 預 金）	125,000
18日	（当 座 預 金）	390,000	（クレジット売掛金）	390,000
21日	（給 料）	150,000	（所 得 税 預 り 金）	7,500
			（当 座 預 金）	142,500
23日	（当 座 預 金）	235,000	（受 取 手 形）	235,000
25日	（水 道 光 熱 費）	38,500	（当 座 預 金）	218,500
	（支 払 家 賃）	180,000		
27日	（買 掛 金）	110,000	（当 座 預 金）	110,000
29日	（前 払 金）	20,000	（現 金）	20,000

証ひょう
問3

	借方科目	金額	貸方科目	金額
(1)	売　掛　金	23,550	売　　　上	23,000
			現　　　金	550
(2)	売　掛　金	125,000	売　　　上	125,000
(3)	現　　　金	16,500	売　　　上	19,000
	クレジット売掛金	4,400	仮受消費税	1,900

問4

	借方科目	金額	貸方科目	金額
(1)	旅費交通費	14,700	仮　払　金	15,000
	現　　　金	300		
(2)	支払手数料	75,000	普通預金	825,000
	差入保証金	600,000		
	支払家賃	150,000		
(3)	仮払法人税等	400,000	普通預金	400,000
(4)	未払法人税等	500,000	普通預金	500,000
(5)	未払消費税	300,000	普通預金	300,000

精算表
問5

精　算　表

勘定科目	残高試算表 借方	残高試算表 貸方	修正記入 借方	修正記入 貸方	損益計算書 借方	損益計算書 貸方	貸借対照表 借方	貸借対照表 貸方
現　　　金	140,000						140,000	
小口現金	17,500			3,750			13,750	
普通預金	160,000						160,000	
受取手形	210,000						210,000	
売　掛　金	150,000						150,000	
繰越商品	240,000		165,000	240,000			165,000	
建　　　物	400,000						400,000	
備　　　品	375,000						375,000	
土　　　地	1,200,000			600,000			600,000	
買　掛　金		255,000	35,000					220,000
手形借入金		500,000						500,000
仮　受　金		650,000	650,000					
貸倒引当金		5,000		2,200				7,200
建物減価償却累計額		195,000		15,000				210,000
備品減価償却累計額		140,000		75,000				215,000
資　本　金		500,000						500,000
繰越利益剰余金		155,000						155,000
売　　　上		3,250,000				3,250,000		
仕　　　入	2,115,000		240,000	35,000	2,155,000			
				165,000				
給　　　料	300,000		22,500		322,500			
旅費交通費	40,000		2,250		42,250			
支払家賃	90,000				90,000			
保　険　料	150,000			37,500	112,500			
消耗品費	40,000		1,500		41,500			
支払利息	22,500			18,750	3,750			
	5,650,000	5,650,000						
固定資産売却（益）				50,000		50,000		
貸倒引当金繰入			2,200		2,200			
減価償却費			90,000		90,000			
未収入金			37,500				37,500	
（未払）給料				22,500				22,500
（前払）利息			18,750				18,750	
当期純（利益）					440,300			440,300
			1,264,700	1,264,700	3,300,000	3,300,000	2,270,000	2,270,000

【解説】

1. （買 掛 金） *35,000*　（仕 入） *35,000*
2. （消 耗 品 費） *1,500*　（小 口 現 金） *3,750*
　（旅 費 交 通 費） *2,250*
3. （仮 受 金） *650,000*　（土 地） *600,000*
　　　　　　　　　　　　（固定資産売却益） *50,000*
4. （未 収 入 金） *37,500*　（保 険 料） *37,500*

$$¥90,000×\frac{5か月（3月～7月）}{12か月}＝¥37,500$$

5. （貸倒引当金繰入） *2,200*　（貸 倒 引 当 金） *2,200*

　　受取手形　　売掛金　　貸倒引当金残高
　（¥210,000＋¥150,000）×2％－¥5,000＝¥2,200

6. （仕 入） *240,000*　（繰 越 商 品） *240,000*
　（繰 越 商 品） *165,000*　（仕 入） *165,000*
7. （減 価 償 却 費） *90,000*　（建物減価償却累計額） *15,000*
　　　　　　　　　　　　　　　（備品減価償却累計額） *75,000*

　建物　（¥400,000－¥40,000）÷24年＝¥15,000
　備品　（¥375,000－¥0）÷5年＝¥75,000

8. （給 料） *22,500*　（未 払 給 料） *22,500*
9. （前 払 利 息） *18,750*　（支 払 利 息） *18,750*

　　手形借入金
　¥500,000×4.5％×$\frac{10か月}{12か月}$＝¥18,750

貸借対照表（B/S）・損益計算書（P/L）
問6

貸 借 対 照 表

02年3月31日				（単位：円）
現 金		（ 89,500）	買 掛 金	（ 296,500）
当 座 預 金		（ 304,750）	借 入 金	（ 200,000）
売 掛 金	（ 227,500）		（未払）消費税	（ 100,000）
貸倒引当金	（△4,550）	（ 222,950）	未 払 費 用	（ 4,000）
商 品		（ 87,000）	資 本 金	（1,000,000）
（前払）費用		（ 12,500）	繰越利益剰余金	（ 803,700）
備 品	（ 600,000）			
減価償却累計額	（△262,500）	（ 337,500）		
土 地		（1,350,000）		
		（2,404,200）		（2,404,200）

— 34 —

損 益 計 算 書

01 年 4 月 1 日から 02 年 3 月 31 日まで　　　　　　（単位：円）

売 上 原 価	(1,513,000)	売 上 高		(2,750,000)
給 料	(900,000)			
貸倒引当金繰入	(4,400)			
減 価 償 却 費	(75,000)			
支 払 家 賃	(137,500)			
水 道 光 熱 費	(22,250)			
通 信 費	(32,050)			
保 険 料	(12,000)			
雑 （ 損 ）	(950)			
支 払 利 息	(10,000)			
当 期 純（利 益）	(42,850)			
	(2,750,000)			(2,750,000)

【解説】

1. （通 信 費）　1,050　　（現　　　　金）　2,000
　　（雑　　　損）　　950
2. （当 座 預 金）　18,000　　（売 掛 金）　18,000
3. （水 道 光 熱 費）　1,750　　（当 座 預 金）　1,750
4. （貸倒引当金繰入）　4,400　　（貸 倒 引 当 金）　4,400
　　　　売掛金残高　2 より　　　貸倒引当金残高
　　（¥245,500－¥18,000）×2 ％－¥150＝¥4,400
5. （仕　　　　入）　100,000　　（繰 越 商 品）　100,000
　　（繰 越 商 品）　87,000　　（仕　　　　入）　87,000
6. （減 価 償 却 費）　75,000　　（備品減価償却累計額）　75,000
　　備品　（¥600,000－¥0）÷8 年＝¥75,000
7. （仮 受 消 費 税）　220,000　　（仮 払 消 費 税）　120,000
　　　　　　　　　　　　　　　（未 払 消 費 税）　100,000
8. （支 払 利 息）　4,000　　（未 払 利 息）　4,000
　　　　　借入金
　　¥200,000×6 ％×$\dfrac{4 か月（12 月～3 月）}{12 か月}$＝¥4,000
9. （前 払 家 賃）　12,500　　（支 払 家 賃）　12,500

　　¥75,000×$\dfrac{1 か月（4 月分）}{6 か月}$＝¥12,500
　　　6 か月分

3 全経2級対策（発展問題）(p.148～159)

仕 訳
問1

	借方科目	金 額	貸方科目	金 額
1	仕 入	200,000	当座預金	140,000
			当座借越	60,000
2	買 掛 金	8,000	仕 入	8,000
3	買 掛 金	150,000	電子記録債務	150,000
4	当座預金	295,000	受取手形	300,000
	手形売却損	5,000		
5	不渡手形	71,000	受取手形	70,000
			現 金	1,000
6	投資不動産	18,000,000	営業外支払手形	18,000,000
7	他店商品券	10,000	売 上	12,000
	現 金	2,000		
8	為替差損	100,000	外貨預金	100,000
9	建設仮勘定	5,000,000	当座預金	5,000,000
10	法 人 税 等	75,000	仮払法人税等	40,000
			未払法人税等	35,000

問2

	借方科目	金 額	貸方科目	金 額
1	繰越利益剰余金	5,240,000	未払配当金	3,400,000
			利益準備金	340,000
			新築積立金	1,500,000
2	当座預金	120,000,000	資本金	100,000,000
			資本準備金	20,000,000
	創立費	400,000	現 金	400,000
3	当座預金	25,000,000	資本金	15,000,000
			資本準備金	10,000,000
	株式交付費	250,000	当座預金	250,000
4	貸倒引当金	280,000	不渡手形	350,000
	貸倒損失	70,000		
5	受取利息	20,000	未収利息	20,000
6	未払給料	630,000	給 料	630,000
7	支払利息	11,000	前払利息	11,000
8	前受地代	3,000	受取地代	3,000

穴うめの計算問題
問3

期首資本金	期末繰越利益剰余金	当期純利益	売上総利益
¥ 250,000	¥ 71,000	¥ 32,000	¥ 352,000

問4

売上原価を除く期間中の費用総額	期末純資産（資本）	売上総利益	当期純利益
¥ 543,000	¥ 1,008,800	¥ 601,800	¥ 120,000

商品有高帳
問5

商 品 有 高 帳
移動平均法　　　　　　　　　　F 商 品　　　　　　　　　　（単位：円）

01年	摘 要	受 入 数量	単価	金 額	払 出 数量	単 価	金 額	残 高 数量	単 価	金 額
5 1	前 月 繰 越	50	310	15,500				50	310	15,500
7	埼玉商事(株)	100	370	37,000				150	350	52,500
11	埼玉商事(株)				25	370	9,250	125	346	43,250
15	千葉商事(株)				50	346	17,300	75	346	25,950
24	神奈川商事(株)	75	390	29,250				150	368	55,200
28	東京商事(株)				115	368	42,320	35	368	12,880
30	東京商事(株)	5	368	1,840				40	368	14,720
31	次 月 繰 越				40	368	14,720			
		230		83,590	230		83,590			

注 摘要欄には，取引先を記入すること。

純 売 上 高	売 上 原 価	売上総利益
¥　　　　91,000	¥　　　　57,780	¥　　　　33,220

文章問題
問6

1	仕訳帳，総勘定元帳，仕入帳，当座預金出納帳，支払手形記入帳，商品有高帳
2	仕訳帳，総勘定元帳，当座預金出納帳，受取手形記入帳
3	仕訳帳，総勘定元帳，売上帳，受取手形記入帳，商品有高帳
4	仕訳帳，総勘定元帳，売上帳，得意先元帳
5	仕訳帳，総勘定元帳，現金出納帳，得意先元帳
6	仕訳帳，総勘定元帳，当座預金出納帳，仕入先元帳

伝票から仕訳集計表（日計表）作成
問7

仕 訳 集 計 表
01 年 10 月 31 日

借　　方	元丁	勘 定 科 目	元丁	貸　　方
729,500	1	現　　金	1	555,000
1,234,000		（売　掛　金）		352,000
172,500		買　掛　金		395,500
67,500	28	売　　上	28	1,679,000
395,500		仕　　入		
382,500		給　　料		
2,981,500				2,981,500

総 勘 定 元 帳
現　　金　　　　1

	※ 128,000	10/31	555,000
10/31	729,500		

売　　上　　　　28

10/31	67,500		※ 2,560,000
		10/31	1,679,000

得意先（売掛金）元帳
長崎商事（株）　　　　7

	※ 640,000	10/31	284,500
		〃	67,500

※ 10 月 30 日までの残高である。

— 37 —

精算表
問8

精 算 表

勘定科目	残高試算表 借方	残高試算表 貸方	整理記入 借方	整理記入 貸方	損益計算書 借方	損益計算書 貸方	貸借対照表 借方	貸借対照表 貸方
現　　　　金	662,000						662,000	
現 金 過 不 足		40,000	40,000					
当 座 預 金	72,000						72,000	
売 　 掛 　 金	232,000			19,000			213,000	
貸 倒 引 当 金		2,000		2,260				4,260
売買目的有価証券	19,200			3,200			16,000	
繰 越 商 品	25,200		24,000	25,200			24,000	
仮払法人税等	1,600			1,600				
備 　 　 品	480,000						480,000	
備品減価償却累計額		120,000		60,000				180,000
買 　 掛 　 金		136,000						136,000
仮 　 受 　 金		20,000	20,000					
資 　 本 　 金		800,000						800,000
資 本 準 備 金		110,000						110,000
利 益 準 備 金		100,000						100,000
繰越利益剰余金		120,000						120,000
売 　 　 上		932,000				932,000		
受 取 手 数 料		88,000	2,600	1,000		86,400		
仕 　 　 入	690,000		25,200	24,000	691,200			
給 　 　 料	196,000			40,000	156,000			
支 払 家 賃	52,800			11,600	41,200			
支 払 利 息	23,600		9,600		33,200			
消 耗 品 費	13,600			6,800	6,800			
	2,468,000	2,468,000						
貸倒引当金繰入			2,260		2,260			
減 価 償 却 費			60,000		60,000			
（有価証券運用損益）			3,200		3,200			
（消　耗　品）			6,800				6,800	
（前 払 家 賃）			11,600				11,600	
（前受手数料）				2,600				2,600
（未 払 利 息）				9,600				9,600
（法 人 税 等）			2,340		2,340			
（未払法人税等）				740				740
当期純（利益）					22,200			22,200
			207,600	207,600	1,018,400	1,018,400	1,485,400	1,485,400

【解説】
付記事項
1. （現 金 過 不 足）　40,000　（給　　　　料）　40,000
2. （仮　受　金）　20,000　（売　掛　金）　19,000
　　　　　　　　　　　　　（受 取 手 数 料）　1,000

決算整理事項
1. （仕　　　入）　25,200　（繰 越 商 品）　25,200　←期首
　　（繰 越 商 品）　24,000　（仕　　　入）　24,000　←期末
2. （貸倒引当金繰入）　2,260　（貸 倒 引 当 金）　2,260
　　　売掛金残高　付記2より　　　貸倒引当金残高
　　（¥232,000－¥19,000）×2％－¥2,000＝¥2,260

— 38 —

3. （減 価 償 却 費）　60,000　（備品減価償却累計額）　60,000
　　備品取得原価　残存価額
　　（¥480,000－　¥0　）÷8 年＝¥60,000
4. （有価証券運用損益）　3,200　（売買目的有価証券）　3,200
　　¥19,200－¥16,000＝¥3,200
5. （消　　耗　　品）　6,800　（消　耗　品　費）　6,800
6. （前　払　家　賃）　11,600　（支　払　家　賃）　11,600
7. （支　払　利　息）　9,600　（未　払　利　息）　9,600
8. （受　取　手　数　料）　2,600　（前　受　手　数　料）　2,600
9. （法　人　税　等）　2,340　（仮　払　法　人　税　等）　1,600
　　　　　　　　　　　　　　　　（未　払　法　人　税　等）　　740

　　¥7,800×30 ％＝¥2,340
　　　　仮払法人税等
　　¥2,340－¥1,600＝¥740

専門基礎ライブラリー

基本簿記演習

改訂版

蛭川幹夫・小野正芳・武井文夫・山本貴之

実教出版

目次　CONTENTS

第6章 資格試験対策

　本書は，『専門基礎ライブラリー　基本簿記　改訂版』（以下，テキスト）に準拠して編集された書き込み式の問題集です。第1章から第3章まではテキスト基礎編の第1章から第3章に，第4章は応用編に，第5章は発展編に対応しています。

　また，第6章は「資格試験対策」として，それぞれ全経3級（テキスト基礎編レベル），日商3級（テキスト応用編レベル），全経2級（テキスト発展編レベル）の対策問題を掲載しました。

　全経簿記と日商簿記にはそれぞれ標準勘定科目が設定されていますが，同じ内容の勘定科目でも名称が異なる場合があります。

　以下の表は，それぞれの検定試験の標準勘定科目において名称が異なるものの比較表です。日商簿記には標準勘定科目（A欄）のほかに許容勘定科目（B欄：採点上許容される勘定科目）がありますので，あわせて掲載しています。また，全経3級では，下位級である全経基礎簿記会計の標準勘定科目も出題されますので，こちらもあわせて掲載しています。

　本書を各検定試験の学習用として使用する場合は，以下の比較表を確認の上，該当する検定試験の標準勘定科目（または許容勘定科目）を用いるよう，注意しましょう。

　なお，本書では特別な断りがない限り，テキストの各編に対応する検定試験の標準勘定科目を使用することを原則としています。

■全経簿記，日商簿記における勘定科目比較表

全経基礎 全経3級 （基礎編）	日商3級 （応用編） A欄	日商3級 （応用編） B欄	全経2級 （発展編）
商品販売益	商品売買益	商品販売益	
広　告　費	広告宣伝費	広　告　費	
旅　　　費 交　通　費	旅費交通費	旅　　　費 交　通　費	
未　収　金	未　収　入　金	未　収　金	
	受取商品券	―	他店商品券
	保　管　費	保　管　料	保　管　料
	法人税、住民税及び事業税	法　人　税　等	法　人　税　等
有　価　証　券			売買目的有価証券

注：全経簿記は2019年4月改定時点，日商簿記は2019年4月1日施行時点。

第 1 章 複式簿記の基礎

第 1 節 簿記の役割／簿記の用語

|基|本|問|題|

問1 次の文の（　）のなかに，適当なことばを下記の語群より選び記入しなさい。

（1）簿記とは，企業の営業活動を，一定のルールにしたがって，（　①　）に記録し，それにもとづいて（　②　）を作成する一連の手続きのことである。

（2）企業が作成する報告書には（　③　）と（　④　）がある。
　　（　③　）は経営成績をあらわす報告書であり，（　④　）は財政状態をあらわす報告書である。

（3）企業は1年を一区切りにして，その1年間にどれだけの利益を上げたかを計算する。この一区切りを（　⑤　）という。

（4）簿記では帳簿などの左側のことを（　⑥　）といい，右側のことを（　⑦　）という。

【語群】　貸借対照表　　損益計算書　　貸　　方　　帳　　簿　　財政状態
　　　　　借　　方　　経営成績　　会計期間　　報告書　　複式簿記

①	②	③	④

⑤	⑥	⑦	

|基|本|問|題|

問1 次の文の（　　）のなかに，適当なことばを下記の語群より選び記入しなさい。

（1）資産とは企業が経営活動を行うために所有している（　①　）および（　②　）のことである。

（2）負債とは，企業が所有する（　③　），すなわち（　④　）を支払ったり，商品を引き渡したり，サービスを提供したりしなければならない義務のことである。

（3）資産から負債を差し引いた額のことを（　⑤　）という。

（4）商品を掛けで売ったときに生じる債権を（　⑥　）という。

（5）現金を借り入れたときに生じる債務を（　⑦　）という。

【語群】　純資産　　　債　権　　　債　務　　　借入金　　　売掛金　　　財　貨　　　現　金

①	②	③	④	⑤	⑥	⑦

問2 次の項目のうち資産に属するものには○印，負債に属するものには△印，純資産（資本）に属するものには×印を記入しなさい。

商　品（　　）　　買掛金（　　）　　建　物（　　）　　現　金（　　）　　備　品（　　）

資本金（　　）　　借入金（　　）　　土　地（　　）　　売掛金（　　）　　貸付金（　　）

問3 城西商事(株)の下記の資料から，貸借対照表を作成しなさい。

01年4月1日（期首）における資産・負債・純資産

現　金　¥11,000　　売掛金　¥16,000　　商　品　¥23,000　　買掛金　¥30,000

借入金　　5,000　　資本金　　10,000　　繰越利益剰余金　　5,000

貸 借 対 照 表

城西商事(株)　　　　　　　　　　　　　　　　年　　月　　日　　　　　　　　　　　　　（単位：円）

資　　産	金　　額	負債および純資産	金　　額

問4 東京国際商事(株)の02年3月31日の下記の資料から，期末の貸借対照表を作成しなさい。また，期首（01年4月1日）の繰越利益剰余金が¥30,000である場合の当期純利益の金額を答えなさい。

現　金	¥18,000	売掛金	¥90,000	商　品	¥62,000	備　品	¥35,000
買掛金	75,000	借入金	40,000	資本金	50,000		

繰越利益剰余金　各自算定

貸 借 対 照 表

東京国際商事(株)　　　　　　　　　　年　　月　　日　　　　　　　　　（単位：円）

資　産	金　額	負債および純資産	金　額

当期純利益　¥＿＿＿＿＿＿＿＿＿

◆ 練 習 問 題 ◆

問1 埼玉商事(株)の下記の資料から，期末の貸借対照表を作成しなさい。また，当期純利益の金額を答えなさい。

01年4月1日（期首）

現　金	¥400,000	商　品	¥150,000	備　品	¥200,000
借入金	250,000	資本金	400,000	繰越利益剰余金　各自算定	

02年3月31日（期末）

現　金	¥230,000	売掛金	¥130,000	商　品	¥250,000
備　品	300,000	買掛金	140,000	借入金	200,000
資本金	400,000	繰越利益剰余金　各自算定			

貸 借 対 照 表

（　　　　　）商事(株)　　　　　　　　　年　　月　　日　　　　　　　　（単位：円）

資　産	金　額	負債および純資産	金　額

当期純利益　¥＿＿＿＿＿＿＿＿＿

|基|本|問|題|

問1 次の項目が収益ならば○印を，費用ならば×印を記入しなさい。

商品販売益（　　）　　給　　料（　　）　　広　告　費（　　）　　水道光熱費（　　）

受 取 利 息（　　）　　雑　　費（　　）　　支 払 利 息（　　）　　雑　　益（　　）

消 耗 品 費（　　）　　支 払 家 賃（　　）

問2 東京商事（株）の 01 年 4 月 1 日から 02 年 3 月 31 日までの収益と費用の発生額は次のとおり
である。損益計算書を作成しなさい。

商品販売益　¥100,000　　受 取 利 息　¥5,000　　給　　料　¥55,000

支 払 家 賃　　24,000　　雑　　費　2,500　　支 払 利 息　3,500

損 益 計 算 書

（　　　　）商事（株）　　01 年　　月　　日から 02 年　　月　　日まで　　　　　（単位：円）

費　　用	金　　額	収　　益	金　　額

問3 新宿商事（株）の 01 年 4 月 1 日から 02 年 3 月 31 日までの収益と費用の発生額は次のとおり
である。損益計算書を作成しなさい。

商品販売益　¥120,000　　受 取 利 息　¥10,000　　給　　料　¥85,000

支 払 家 賃　　14,000　　雑　　費　2,000　　支 払 利 息　35,000

損 益 計 算 書

（　　　　）商事（株）　　01 年　　月　　日から 02 年　　月　　日まで　　　　　（単位：円）

費　　用	金　　額	収　　益	金　　額

問1 横浜商事(株)は，01 年 4 月 1 日に現金 ¥1,000,000 を出資して開業した。02 年 3 月 31 日における次の資料によって，期末の貸借対照表ならびに損益計算書を作成しなさい。

〈期末の資産と負債〉

現　　　金 ¥	180,000	売　掛　金 ¥870,000	商　　　品 ¥900,000
貸　付　金	450,000	買　掛　金 720,000	借　入　金 400,000
資　本　金	1,000,000		

〈期間中の収益と費用〉

商品販売益 ¥	650,000	受 取 利 息 ¥15,000	給　　　料 ¥260,000
広　告　費	35,000	支 払 家 賃 78,000	支 払 利 息 12,000

貸 借 対 照 表

(　　　　) 商事(株)　　　　　　　　年　　月　　日　　　　　　　　(単位：円)

資　産	金　額	負債および純資産	金　額

損 益 計 算 書

(　　　　) 商事(株)　　年　　月　　日から　　年　　月　　日まで　　(単位：円)

費　用	金　額	収　益	金　額

問2 01年4月1日に，現金 ¥1,000,000 を出資して開業した渋谷商事(株)の02年3月31日における次の資料によって，期末の貸借対照表ならびに損益計算書を作成しなさい。なお，当期中の追加出資はない。

現　　金	¥770,000	売　掛　金	¥430,000	商　　　品	¥280,000
備　　品	300,000	車両運搬具	800,000	買　掛　金	440,000
借　入　金	900,000	商品販売益	622,000	雑　　益	13,000
給　　料	260,000	水道光熱費	35,000	通　信　費	11,000
支 払 家 賃	67,000	支 払 利 息	22,000		

貸 借 対 照 表

(　　　　) 商事(株)　　　　　年　　月　　日　　　　　(単位：円)

資　　産	金　　額	負債および純資産	金　　額

損 益 計 算 書

(　　　　) 商事(株)　　年　月　日から　年　月　日まで　　(単位：円)

費　　用	金　　額	収　　益	金　　額

問3 次の表の（　）のなかにあてはまる適当な金額を計算し解答欄に答えなさい。なお，純損失には△を付けなさい。

（単位：円）

	期首純資産	期　末			収　益	費　用	純利益 △は純損失
		資　産	負　債	純資産			
1.	15,000	20,000	4,000	（ ① ）	9,000	（ ② ）	（ ③ ）
2.	（ ④ ）	18,000	（ ⑤ ）	7,000	（ ⑥ ）	6,000	2,000
3.	6,000	（ ⑦ ）	7,000	（ ⑧ ）	19,000	20,000	（ ⑨ ）

【解答欄】円または¥記号は省略してよい。

①	②	③	④	⑤

⑥	⑦	⑧	⑨

問4 次の文の（　）のなかに，適当な金額を記入しなさい。

北海道商事(株)の期首の負債総額は¥600,000 であり，期末の資産総額は¥2,950,000 負債総額は¥800,000 であった。なお，この期間中の収益総額は¥3,555,000 当期純利益が¥150,000 であるとき，費用総額は¥（　①　）で，期首の資産総額は¥（　②　）である。

【解答欄】円または¥記号は省略してよい。

①	②

|基|本|問|題|

問1 次の取引の仕訳を示しなさい。

4 月 1 日　現金 ¥700,000 を出資して熊谷商事株式会社を設立した。

5 日　備品 ¥120,000 を買い入れ，代金は現金で支払った。

12 日　商品 ¥200,000 を仕入れ，代金は掛けとした。

17 日　原価 ¥150,000 の商品を ¥180,000 で売り渡し，代金は掛けとした。

25 日　本月分の給料 ¥50,000 を現金で支払った。

30 日　売掛金 ¥180,000 を現金で回収した。

日付	借 方 科 目	金 額	貸 方 科 目	金 額
4 / 1				
5				
12				
17				
25				
30				

問2 次の取引の仕訳を示しなさい。

（1）現金 ¥500,000 と備品 ¥100,000 を出資して浦和商事株式会社を設立した。

（2）現金 ¥100,000 を埼玉銀行から借り入れた。

（3）営業用金庫 ¥150,000 を購入し，代金は現金で支払った。

（4）商品 ¥250,000 を仕入れ，代金は掛けとした。

（5）原価 ¥100,000 の商品を ¥130,000 で販売し，代金は現金で受け取った。

（6）給料 ¥23,000 を現金で支払った。

（7）買掛金 ¥150,000 を現金で支払った。

（8）売掛金 ¥200,000 を現金で回収した。

（9）本月分の家賃 ¥50,000 を現金で支払った。

	借 方 科 目	金　　額	貸 方 科 目	金　　額
（1）				
（2）				
（3）				
（4）				
（5）				
（6）				
（7）				
（8）				
（9）				

問3 次の取引の仕訳を示しなさい。

（1）商品 ¥15,000 を仕入れ，代金のうち ¥10,000 は現金で支払い，残額は掛けとした。

（2）銀行から ¥20,000 を借り入れ，利息 ¥1,200 を差し引かれ，残額を現金で受け取った。

	借 方 科 目	金 額	貸 方 科 目	金 額
（1）				
（2）				

問4 次の取引の仕訳を示し，**各勘定口座に転記**しなさい。

5 月 1 日 商品 ¥40,000 を仕入れ，代金は現金で支払った。

　　4 日 原価 ¥20,000 の商品を ¥26,000 で販売し，代金は掛けとした。

　　12 日 売掛金のうち ¥30,000 を現金で回収した。

　　20 日 手数料 ¥5,000 を現金で支払った。

日付	借 方 科 目	金 額	貸 方 科 目	金 額
5／1				
4				
12				
20				

現　　金

5/1 前月繰越　*100,000*

売　掛　金

5/1 前月繰越　*50,000*

商　　品

商品販売益

支払手数料

問1 次の取引の仕訳を示し，各勘定口座に転記しなさい。

4月 1日 現金 ¥1,000,000 を出資して大宮商事株式会社を設立した。

2日 東北事務用品店から金庫 ¥200,000 と事務用の帳簿および事務用品 ¥10,000 を買い入れ，ともに現金で支払った。

6日 山形商店から商品 ¥500,000 を仕入れ，代金のうち ¥100,000 は現金で支払い，残額は掛けとした。

13日 東京商店に商品 ¥420,000 (原価 ¥300,000) を売り渡し，代金のうち ¥120,000 を現金で受け取り，残額は掛けとした。

20日 本月分の給料 ¥150,000 を現金で支払った。

25日 山形商店に対する買掛金 ¥400,000 を現金で支払った。

30日 東京商店に対する売掛金 ¥300,000 のうち，¥200,000 を現金で回収した。

〃日 雑費 ¥8,000 を現金で支払った。

日付	借 方 科 目	金　　額	貸 方 科 目	金　　額
4 / 1				
2				
6				
13				
20				
25				
30				
〃				

総 勘 定 元 帳

現　　金	売　掛　金
	商　　品

備　　品	買　掛　金

資　本　金	商品販売益

給　　料	消 耗 品 費

雑　　費	

|基|本|問|題|

問1 次の勘定記録から合計試算表を作成しなさい。

現　　金　　1	
100,000	20,000
20,000	50,000
70,000	10,000
	3,000

売　掛　金　　2	
30,000	70,000
40,000	

商　　品　　3	
50,000	25,000
40,000	40,000

買　掛　金　　4	
50,000	50,000
	20,000

資　本　金　　5	
	80,000

繰越利益剰余金　　6	
	20,000

商品販売益　　7	
	5,000
	20,000

給　　料　　8	
10,000	

雑　　費　　9	
3,000	

合 計 試 算 表

02 年 3 月 31 日

借　方	元丁	勘 定 科 目	貸　方

問2　次の勘定記録から残高試算表を作成しなさい。

現　　金	1
100,000	20,000
20,000	50,000
70,000	10,000
	3,000

売　掛　金	2
30,000	70,000
40,000	

商　　品	3
50,000	25,000
40,000	40,000

買　掛　金	4
50,000	50,000
	20,000

資　本　金	5
	80,000

繰越利益剰余金	6
	20,000

商品販売益	7
	5,000
	20,000

給　　料	8
10,000	

雑　　費	9
3,000	

残 高 試 算 表
02 年 3 月 31 日

借　方	元丁	勘 定 科 目	貸　方

問3　次の勘定記録から合計残高試算表を作成しなさい。

現　　金 1		売　掛　金 2		商　　品 3	
100,000	20,000	30,000	70,000	50,000	25,000
20,000	50,000	40,000		40,000	40,000
70,000	10,000				
	3,000				

買　掛　金 4		資　本　金 5	
50,000	50,000		80,000
	20,000		

繰越利益剰余金 6		商品販売益 7		給　　料 8	
	20,000		5,000	10,000	
			20,000		

雑　　費 9	
3,000	

合計残高試算表

02 年 3 月 31 日

借　方		元丁	勘定科目	貸　方	
残　高	合　計			合　計	残　高
		1	現　　　　金		
		2	売　　掛　　金		
		3	商　　　　品		
		4	買　　掛　　金		
		5	資　　本　　金		
		6	繰越利益剰余金		
		7	商 品 販 売 益		
		8	給　　　　料		
		9	雑　　　　費		

問1 次の取引の仕訳を示してから勘定口座（6 月 20 日まで記入済み）に転記し，6 月末の残高試算表を作成しなさい。

6 月 23 日　原価 ¥100,000 の商品を ¥140,000 で売却し，代金の半額は現金で受け取り，残額は掛けとした。

26 日　買掛金のうち ¥100,000 を現金で支払った。

日付	借 方 科 目	金 額	貸 方 科 目	金 額
6 /23				
26				

現　　　金		1
740,000	270,000	

売　掛　金		2
350,000	150,000	

商　　　品		3
420,000	250,000	

買　掛　金		4
260,000	520,000	

資　本　金		5
	400,000	

繰越利益剰余金		6
	100,000	

商品販売益		7
	80,000	

残 高 試 算 表
01 年　　　月　　　日

借　　方	元丁	勘 定 科 目	貸　　方

問2 新潟商事(株)の(A)6月24日までの勘定記録に，(B)6月25日から6月30日までの取引を記入した場合の6月末の残高試算表を作成しなさい。

（A） 6月24日までの勘定記録

現　　金　1	
188,700	62,300

売　掛　金　2	
79,000	28,000

商　　品　3	
123,000	90,000

備　　品　4	
30,000	

買　掛　金　5	
34,000	103,000

借　入　金　6	
	25,000

資　本　金　7	
	100,000

繰越利益剰余金　8	
	30,000

商品販売益　9	
	24,000

給　　料　10	
7,000	

支　払　利　息　11	
600	

（B） 6月25日から6月30日までの取引

6月25日　商品 ¥14,500（原価 ¥10,000）を売り渡し，代金のうち ¥4,500 は現金で受け取り，残額は掛けとした。

　　26日　商品 ¥20,000 を仕入れ，代金は掛けとした。

　　27日　売掛金のうち ¥22,000 を現金で受け取った。

　　28日　買掛金のうち ¥24,000 を現金で支払った。

　　30日　借入金 ¥10,000 を利息 ¥200 とともに現金で支払った。

残 高 試 算 表
01年　　月　　日

借　方	元丁	勘　定　科　目	貸　方
	1	現　　　　金	
	2	売　　掛　　金	
	3	商　　　　品	
	4	備　　　　品	
	5	買　　掛　　金	
	6	借　　入　　金	
	7	資　　本　　金	
	8	繰越利益剰余金	
	9	商　品　販　売　益	
	10	給　　　　料	
	11	支　払　利　息	

第 2 章 諸取引の記帳

第 1 節 現金・預金取引

|基|本|問|題|

問1 次の取引の仕訳を示しなさい。

（1）秋田郵便局で ¥84 の切手と ¥63 の郵便はがきをそれぞれ 100 枚購入し，代金は現金で支払った。

（2）北海道商事(株)より売掛金の回収として郵便為替証書 ¥200,000 を受け取った。

（3）青森商事(株)に商品 ¥350,000（原価 ¥280,000）を売り渡し，代金のうち ¥150,000 は同社振出しの小切手で受け取り，残額は掛けとした。

（4）岩手商事(株)より貸付金に対する利息 ¥50,000 を送金小切手で受け取った。

（5）宮城商事(株)より商品 ¥150,000（原価）を仕入れ，代金のうち ¥50,000 はさきに山形商店より受け取っていた小切手で支払い，残額は掛けとした。

	借 方 科 目	金 額	貸 方 科 目	金 額
（1）				
（2）				
（3）				
（4）				
（5）				

問2 宇都宮商事(株)の下記の取引について,

（1）仕訳を示し, 現金勘定に転記しなさい。

（2）現金出納帳に記入し, 締め切りなさい。なお, 開始記入も行うこと。

1 月 16 日　足利商事(株)から商品 ¥30,000 を仕入れ, 代金は現金で支払った。

　　　29 日　日光商事(株)に対する売掛金の一部 ¥200,000 を, 同社振出しの小切手で受け取った。

（1）

日付	借 方 科 目	金 額	貸 方 科 目	金 額
1/16				
29				

現　　金

720,000	160,000

（2）

現 金 出 納 帳

01年		摘　　要	収　入	支　出	残　高
		前ページから	720,000	160,000	560,000

問3 次の一連の取引の仕訳を示しなさい。

（1）現金の帳簿残高は ¥18,000, 実際有高は ¥17,500 であった。なお, 不一致の原因は不明である。

（2）上記（1）の現金不足額のうち ¥300 は, 通信費の記帳もれであることが判明した。

	借 方 科 目	金 額	貸 方 科 目	金 額
（1）				
（2）				

問4 次の一連の取引の仕訳を示しなさい。

（1）現金の帳簿残高は ¥21,000，実際有高は ¥23,500 であった。なお，不一致の原因は不明である。

（2）上記（1）の現金過剰額のうち ¥1,500 は受取利息の未記帳であることがわかった。

	借 方 科 目	金　　額	貸 方 科 目	金　　額
（1）				
（2）				

問5 次の取引の仕訳を示しなさい。

6 月 1 日　山形商事(株)は，取引銀行と当座取引契約を結び，現金 ¥1,000,000 を当座預金として預け入れた。

5 日　福島商事(株)は，小切手を振り出し現金 ¥200,000 を引き出した。

11 日　栃木商事(株)に対する買掛金 ¥350,000 を小切手を振り出して支払った。

15 日　群馬商事(株)に対する売掛金 ¥500,000 を同社振出しの小切手で受け取り，ただちに当座預金とした。

19 日　茨城商事(株)に対する売掛金 ¥180,000 について当座預金口座への振込みを受けた。

25 日　先月分の電気料金 ¥6,000 が当座預金口座より引き落とされた。

日付	借 方 科 目	金　　額	貸 方 科 目	金　　額
6／1				
5				
11				
15				
19				
25				

問6 問5の取引を当座預金勘定に転記するとともに当座預金出納帳に記入し，当座預金出納帳を締め切りなさい。

総 勘 定 元 帳

当 座 預 金

当座預金出納帳

01年	摘　　要	預　　入	引　　出	借/貸	残　　高

問7 次の取引の仕訳を示しなさい。

（1）現金 ¥1,000,000 を定期預金に預け入れた。

（2）定期預金 ¥3,000,000 が満期になり，利息 ¥3,000 とともに普通預金口座へ預け入れた。

	借 方 科 目	金　　額	貸 方 科 目	金　　額
（1）				
（2）				

問8 次の取引の仕訳を示しなさい。

（1）6月1日　定額資金前渡法（インプレスト・システム）を採用している神奈川商事(株)の
　　　　　　　会計係は，小切手¥50,000を振り出して用度係に渡した。

　　　30日　会計係は用度係より以下の支払いの報告を受けた。

　　　　　　　通信費　¥18,000　　消耗品費　¥21,000　　交通費　¥5,000

　　7月1日　会計係は資金の補給を小切手を振り出して行った。

日付	借方科目	金　　額	貸方科目	金　　額
6 / 1				
30				
7 / 1				

（2）8月31日　定額資金前渡法（インプレスト・システム）を採用している山梨商事(株)は，
　　　　　　　用度係から以下のような支払いの報告を受けたので，ただちに小切手を振り出
　　　　　　　して補給した。

　　　　　　　通信費　¥28,000　　交通費　¥19,500　　消耗品費　¥22,500

　　　　　　　雑　費　¥18,000

日付	借方科目	金　　額	貸方科目	金　　額
8 /31				

問9 次の取引を小口現金出納帳に記入し，締め切りなさい。また，週末（16日）に会計係が行う仕訳も示しなさい。なお，当社では定額資金前渡法（インプレスト・システム）を採用し，用度係は毎週末にその週の支払いを会計係に報告し，小切手にて補給を受けている。

11月12日（月）	郵便切手・はがき代	¥5,800
13日（火）	バス回数券	¥5,000
14日（水）	お茶・菓子代	¥3,500
15日（木）	タクシー代	¥2,800
16日（金）	筆記用具・コピー用紙代	¥7,500

小口現金出納帳

受　入	01年		摘　　要	支　払	通信費	交通費	消耗品費	雑　　費	残　高
25,000	11	12	前週繰越						25,000
			合　　計						
		16	本日補給						
		〃	次週繰越						
	11	19	前週繰越						

借方科目	金　額	貸方科目	金　額

問 10 次の取引を小口現金出納帳に記入し，締め切りなさい。また，翌週の月曜日（19日）に会計係が行う仕訳も示しなさい。なお，当社では定額資金前渡法（インプレスト・システム）を採用し，用度係は毎週月曜日に前週の支払いを会計係に報告し，小切手にて補給を受けている。

11月12日（月）	郵便切手・はがき代	¥5,800
13日（火）	バス回数券	¥5,000
14日（水）	お茶・菓子代	¥3,500
15日（木）	タクシー代	¥2,800
16日（金）	筆記用具・コピー用紙代	¥7,500

小口現金出納帳

受　入	01年		摘　要	支　払	通信費	交通費	消耗品費	雑　費	残　高
1,200	11	12	前 週 繰 越						1,200
23,800		〃	本 日 補 給						25,000
			合　　計						
		16	**次 週 繰 越**						
	11	19	前 週 繰 越						

借　方　科　目	金　　額	貸　方　科　目	金　　額

問 1 次の取引の仕訳を示しなさい。

（1）静岡商事(株)から掛け代金の回収として，同社振出しの小切手 ¥*80,000* を受け取った。

（2）浜松商事(株)より売掛金の回収として郵便為替証書 ¥*150,000* を受け取った。

（3）現金の実際有高を調査したところ，帳簿残高より ¥*1,800* 不足していた。

（4）調査の結果，上記(3)の不足額 ¥*1,800* は消耗品費の記入もれであることが判明した。

（5）現金の実際有高を調査したところ，帳簿残高より実際有高が ¥*2,800* 過剰であった。

（6）調査の結果，上記(5)の過剰額 ¥*2,800* は古紙の売却収入であることがわかったので，雑収入として処理した。

	借 方 科 目	金　　額	貸 方 科 目	金　　額
（1）				
（2）				
（3）				
（4）				
（5）				
（6）				

第 2 節　商品売買取引

|基|本|問|題|

問 1 次の取引の仕訳を示しなさい。ただし，商品に関する勘定は 3 分法によること。

（1）商品 ¥100,000 を仕入れ，代金は掛けとした。

（2）上記商品のうち，¥5,000 は品違いのため返品した。

（3）商品 ¥150,000 を仕入れ，代金のうち ¥50,000 は小切手を振り出して支払い，残額は掛けとした。

（4）商品 ¥200,000 を仕入れ，代金は掛けとした。なお，引取運賃 ¥10,000 は現金で支払った。

（5）商品 ¥250,000 を売り上げ，代金は掛けとした。

（6）上記（5）の商品のうち，一部が破損していたため，¥25,000 の返品を受けた。

（7）高崎商事(株)に商品 ¥380,000 を売り上げ，代金のうち ¥180,000 は同社振出しの小切手で受け取り，残額は掛けとした。なお，発送運賃 ¥15,000 は小切手を振り出して支払った。

（8）前橋商事(株)に商品 ¥380,000 を売り上げ，代金のうち ¥180,000 は同社振出しの小切手で受け取り，残額は掛けとした。なお，先方負担の発送運賃 ¥15,000 は小切手を振り出して立替払いした。ただし，発送運賃は売掛金勘定に含めて処理する。

	借 方 科 目	金　　額	貸 方 科 目	金　　額
（1）				
（2）				
（3）				
（4）				
（5）				
（6）				
（7）				
（8）				

問2 次の取引を売上原価対立法（販売のつど商品勘定から売上原価勘定に振り替える方法）で仕訳しなさい。

（1）横浜商店から，A商品100個を@¥400で仕入れ，代金は掛けとした。

（2）横浜商店から仕入れた上記商品のうち10個を返品した。なお，代金は同店に対する買掛金から差し引いた。

（3）川崎商店に，上記（1）のA商品70個を@¥800で売り渡し，代金は掛けとした。

（4）川崎商店に販売した上記（3）の商品のうち8個が汚損のため返品された。なお，代金は同店に対する売掛金から差し引いた。

（5）新宿商事(株)は，品川商事(株)より仕入れた商品¥6,000（原価）を上野商事(株)に¥8,400で売り上げ，代金を掛けとした。

（6）東京商事(株)は，神田商事(株)に商品を¥288,000（原価¥240,000）で売り上げ，代金は掛けとした。

	借方科目	金額	貸方科目	金額
（1）				
（2）				
（3）				
（4）				
（5）				
（6）				

次の取引の仕訳を示し，仕入帳に記入して締め切りなさい。ただし，商品に関する勘定は 3 分法によること。

1 月 5 日　和歌山商事(株)から次の商品を仕入れ，代金は掛けとした。

	A品	500 個	@¥450	¥225,000
	B品	300 個	@¥700	¥210,000

　　 6 日　和歌山商事から仕入れた上記商品のうち，品質不良のものがあったので，次のとおり返品した。

	B品	20 個	@¥700	¥ 14,000

　　19 日　岡山商事(株)から次の商品を仕入れ，代金のうち半額は小切手を振り出して支払い，半額は掛けとした。なお，引取費用 ¥18,000 は現金で支払った。

	C品	500 個	@¥300	¥150,000

日付	借 方 科 目	金　　額	貸 方 科 目	金　　額
1／5				
6				
19				

仕　入　帳

01 年	摘　　　要	内　訳	金　額
31	総 仕 入 高		
〃	仕 入 戻 し 高		
	純 仕 入 高		

問4 次の取引の仕訳を示し，売上帳に記入して締め切りなさい。ただし，**商品に関する勘定は3分法によること。**

1月12日　兵庫商事(株)へ次の商品を売り上げ，代金は掛けとした。

　　　　　A品　　150個　　@¥600　　¥90,000
　　　　　B品　　100個　　@¥900　　¥90,000

　14日　兵庫商事へ売り渡した上記商品のうち，品違いのため次のとおり返品を受けた。

　　　　　A品　　20個　　@¥600　　¥12,000

　23日　広島商事(株)へ次の商品を売り渡し，代金のうち¥35,000は同社振出しの小切手で受け取り，残額は掛けとした。なお，先方負担の発送運賃¥8,000は小切手を振り出して立替払いした。ただし，発送運賃は売掛金勘定に含めて処理する。

　　　　　C品　　300個　　@¥450　　¥135,000

日付	借方科目	金　額	貸方科目	金　額
1/12				
14				
23				

売　上　帳

01年	摘　　要	内　訳	金　額
31	総　売　上　高		
〃	**売　上　戻　り　高**		
	純　売　上　高		

問5 次の商品Aの資料にもとづいて，先入先出法による商品有高帳の記入を行い，締め切りなさい。

3月3日	仕 入 れ	300個	@¥300
7日	売 上 げ	250個	@¥500
12日	仕 入 れ	400個	@¥350
17日	売 上 げ	300個	@¥550

商 品 有 高 帳

先入先出法 　　　　　　　　　　商 品 A 　　　　　　　　　　（単位：円）

01年		摘　要	受　入			払　出			残　高		
			数量	単価	金　額	数量	単価	金　額	数量	単価	金　額
3	1	前 月 繰 越	100	280	28,000				100	280	28,000
	31	次 月 繰 越									
4	1	前 月 繰 越									

問6 問5の商品有高帳より，(1)月初商品棚卸高，(2)月末商品棚卸高，そして，3月における(3)仕入高，(4)売上高，(5)売上原価，(6)商品販売益（粗利）をそれぞれ計算しなさい。

（1）月初商品棚卸高　¥ _____

（2）月末商品棚卸高　¥ _____

（3）仕　　入　　高　¥ _____

（4）売　　上　　高　¥ _____

（5）売　上　原　価　¥ _____

（6）商品販売益(粗利)　¥ _____

問1 次の取引の仕訳を示しなさい。ただし，(1)～(6)の商品に関する勘定は3分法によること。

（1）山口商事(株)よりA商品500個を@¥300で仕入れ，代金は掛けとした。

（2）山口商事より仕入れた上記（1）のA商品10個が品違いであったため返品した。

（3）島根商事(株)へA商品300個を@¥450で売り渡し，代金は掛けとした。

（4）島根商事へ売り渡した上記（3）のA商品20個につき，返品を受けた。

（5）鳥取商事(株)よりB商品200個を@¥900で仕入れ，代金のうち¥80,000は小切手を振り出して支払い，残額は月末に支払うこととした。なお，引取諸費用¥5,000は現金で支払った。

（6）香川商事(株)へA商品150個を@¥420，B商品100個を@¥1,250で売り渡し，代金のうち¥38,000は現金で受け取り，¥100,000はさきに当社が振り出していた小切手で受け取り，残額は月末に受け取ることとした。なお，当方負担の発送費用¥10,000は小切手を振り出して支払った。

（7）秋田商事(株)へC商品100個（原価@¥800，売価@¥1,000）を売り渡し，代金のうち¥70,000は秋田商事の小切手で受け取り，残額は掛けとした。ただし，当社は商品売買に関して，販売のつど売上原価勘定に振り替える方法で記帳している。

	借 方 科 目	金 額	貸 方 科 目	金 額
（1）				
（2）				
（3）				
（4）				
（5）				
（6）				
（7）				

問2 次の取引の仕訳を示し，仕入帳・売上帳に記入して月末に締め切りなさい。ただし，商品に関する勘定は**3分法**によること。

1月5日 函館商事(株)から次の商品を仕入れ，代金は掛けとした。

A品	500個	@¥450	¥225,000
B品	300個	@¥700	¥210,000

6日 函館商事から仕入れた上記商品のうち，品質不良のものがあったので，次のとおり返品した。

B品	10個	@¥700	¥ 7,000

12日 札幌商事へ次の商品を売り上げ，代金は掛けとした。

A品	150個	@¥600	¥ 90,000
B品	100個	@¥900	¥ 90,000

14日 札幌商事へ売り渡した上記商品のうち，品違いのため次のとおり返品を受けた。

A品	20個	@¥600	¥ 12,000

19日 小樽商事(株)から次の商品を仕入れ，代金のうち半額は小切手を振り出して支払い，半額は掛けとした。なお，引取費用¥18,000は現金で支払った。

C品	500個	@¥300	¥150,000

23日 旭川商事(株)へ次の商品を売り渡し，代金のうち¥35,000は同社振出しの小切手で受け取り，残額は掛けとした。なお，先方負担の発送運賃¥8,000は小切手を振り出して立替払いした。ただし，発送運賃は売掛金勘定に含めて処理する。

C品	300個	@¥450	¥135,000

日付	借方科目	金　額	貸方科目	金　額
1／5				
6				
12				
14				
19				
23				

仕　入　帳

01年		摘　　要	内　訳	金　額
31		総 仕 入 高		
〃		**仕 入 戻 し 高**		
		純 仕 入 高		

売　上　帳

01年		摘　　要	内　訳	金　額
31		総 売 上 高		
〃		**売 上 戻 り 高**		
		純 売 上 高		

|基|本|問|題|

問1 次の取引の仕訳を示し，総勘定元帳の売掛金勘定と売掛金元帳（得意先元帳）に記入しなさい。ただし，商品に関する勘定は 3 分法によること。なお，売掛金元帳は月末に締め切り，開始記入も行うこと。

1 月 6 日　栃木商事(株)に商品 ¥70,000 を売り渡し，代金は掛けとした。

　　7 日　栃木商事に売り渡した上記商品について，品違いのため ¥4,000 の返品を受け，代金は売掛金から差し引いた。

　　15 日　栃木商事から，売掛金の一部 ¥85,000 を現金で回収した。

日付	借方科目	金　額	貸方科目	金　額
1 / 6				
7				
15				

総 勘 定 元 帳

売 掛 金　　　　4

1 / 1 前月繰越	170,000	

売 掛 金 元 帳

栃木商事(株)　　　　1

01年		摘　要	借　方	貸　方	借または貸	残　高
1	1	前 月 繰 越	100,000		借	100,000
	31	**次 月 繰 越**				
2	1	前 月 繰 越				

問2 次の取引の仕訳を示し，総勘定元帳の買掛金勘定と買掛金元帳（仕入先元帳）に記入しなさい。ただし，商品に関する勘定は3分法によること。なお，買掛金元帳は月末に締め切り，開始記入も行うこと。

1月5日　静岡商事(株)から商品¥46,000を仕入れ，代金は掛けとした。

　　6日　静岡商事から仕入れた上記商品のうち，¥5,000を品違いのため返品した。

　　20日　静岡商事に対する買掛金¥61,000を現金で支払った。

日付	借 方 科 目	金　額	貸 方 科 目	金　額
1 / 5				
6				
20				

総 勘 定 元 帳

買　掛　金　　　　　　　　　　　10

			1 / 1　前月繰越	30,000

買 掛 金 元 帳

静岡商事(株)　　　　　　　　　　1

01年		摘　　要	借　　方	貸　　方	借または貸	残　　高
1	1	前 月 繰 越		30,000	貸	30,000
	31	**次 月 繰 越**				
2	1	前 月 繰 越				

問1 次の取引の仕訳を示し，買掛金勘定と買掛金元帳（残高式）に転記しなさい。ただし，商品に関する勘定は3分法によること。なお，買掛金元帳については月末で締め切り，開始記入も行うこと。

5月6日　佐賀商事(株)から商品 ¥250,000 を仕入れ，代金は掛けとした。

　　8日　長崎商事(株)から商品 ¥350,000 を仕入れ，代金のうち ¥50,000 は小切手を振り出して支払い，残額は掛けとした。

　　10日　長崎商事から仕入れた商品のうち，品違いのため ¥15,000 分の商品を返品した。なお，この代金は買掛金から差し引くこととした。

　　25日　佐賀商事に対する買掛金の一部 ¥300,000 を小切手を振り出して支払った。

日付	借方科目	金　額	貸方科目	金　額
5 / 6				
8				
10				
25				

総 勘 定 元 帳

買　掛　金　　　　　12

		5 / 1	前月繰越	*180,000*

買掛金元帳（仕入先元帳）

佐賀商事(株)　　　　　1

01年		摘要	借方	貸方	借または貸	残高
5	1	前月繰越		*100,000*	貸	*100,000*
	31	次月繰越				
6	1	前月繰越				

長崎商事(株)　　　　　2

01年		摘要	借方	貸方	借または貸	残高
5	1	前月繰越		*80,000*	貸	*80,000*
	31	次月繰越				
6	1	前月繰越				

問2 次の取引を売掛金勘定・買掛金勘定に記入するとともに，売掛金元帳（得意先元帳）・買掛金元帳（仕入先元帳）への記入を行い，締め切りなさい。ただし，商品に関する勘定は3分法によること。なお，開始記入も行うこと。

6月2日 宮崎商事(株)より次の商品を仕入れ，代金は掛けとした。なお，引取費用 ¥3,000 は現金で支払った。

A品　800個　@¥500　¥400,000

4日 宮崎商事より仕入れた上記商品に，品違いがあり次のとおり返品した。

A品　50個　@¥500　¥25,000

8日 熊本商事(株)に次の商品を売り渡し，代金は掛けとした。なお，発送運賃（当社負担）¥5,000 は小切手を振り出して支払った。

A品　450個　@¥800　¥360,000

10日 熊本商事に売り渡した上記商品につき，品違いがあり返品を受けた。

A品　20個　@¥800　¥16,000

25日 熊本商事より売掛金の一部 ¥250,000 を送金小切手で受け取り，ただちに当座預金に預け入れた。

27日 宮崎商事へ買掛金の一部 ¥200,000 を小切手を振り出して支払った。

総 勘 定 元 帳

売　掛　金　　　5

6/1	前月繰越	180,000		

買　掛　金　　　11

			6/1　前月繰越	150,000

売掛金元帳（得意先元帳）

熊本商事(株)　　1

01年		摘要	借方	貸方	借また は 貸	残高
6	1	前月繰越	120,000		借	120,000
	30	次月繰越				
7	1	前月繰越				

買掛金元帳（仕入先元帳）

宮崎商事(株)　　1

01年		摘要	借方	貸方	借また は 貸	残高
6	1	前月繰越		50,000	貸	50,000
	30	次月繰越				
7	1	前月繰越				

第 4 節　手形取引

問 1 次の取引の仕訳を示しなさい。ただし，**商品に関する勘定は 3 分法によること**。

9 月 1 日　鹿児島商事(株)は，沖縄商事(株)より商品 ¥150,000 を仕入れ，代金は沖縄商事あての約束手形を振り出して支払った。(鹿児島・沖縄両社の仕訳を行うこと)

　　30 日　期日になり，鹿児島商事は上記手形金額を当座預金口座から支払ったむねの通知を取引銀行から受けた。

　　〃 日　期日になり，沖縄商事は上記手形金額が当座預金口座に入金されたむねの通知を取引銀行から受けた。

日付		借 方 科 目	金　　額	貸 方 科 目	金　　額
9 / 1	鹿児島商事				
	沖縄商事				
30	鹿児島商事				
	沖縄商事				

問 2 次の取引の仕訳を示しなさい。ただし，**商品に関する勘定は 3 分法によること**。

1 月 10 日　上野商事(株)に商品 ¥500,000 を売り渡し，代金は同社振出しの約束手形を受け取った。

　　15 日　渋谷商事(株)に対する買掛金 ¥250,000 を支払うため，約束手形を振り出した。

　　31 日　かねて横浜商事(株)に振り出していた約束手形 ¥100,000 が支払期日となり，取引銀行の当座預金口座から引き落とされたむね連絡があった。

日付	借 方 科 目	金　　額	貸 方 科 目	金　　額
1 /10				
15				
31				

問1 次の取引の仕訳を示しなさい。ただし，商品に関する勘定は3分法によること。

（1）新潟商事(株)から商品 ¥450,000 を仕入れ，代金は同社あての約束手形を振り出して支払った。

（2）福井商事(株)に対する売掛金 ¥780,000 を，同社振出し，当社あての約束手形で受け取った。

（3）さきに，岐阜商事(株)あてに振り出した約束手形 ¥540,000 が本日満期につき，当社の当座預金から支払ったむね取引銀行から通知を受けた。

（4）かねて取立てを依頼していた，名古屋商事(株)振出し，当社受取りの約束手形 ¥650,000 が本日満期につき，取立済みとなり，当座預金に入金したむね取引銀行から通知を受けた。

	借 方 科 目	金 額	貸 方 科 目	金 額
（1）				
（2）				
（3）				
（4）				

|基|本|問|題|

問1 次の取引について，両社の仕訳を示しなさい。

（1）埼玉商事(株)は，東京商事(株)に現金 ¥*300,000* を貸し付け，借用証書を受け取った。

（2）群馬商事(株)は，栃木商事(株)に現金 ¥*500,000* を貸し付け，栃木商事振出しの約束手形を受け取った。

（3）茨城商事(株)は，千葉商事(株)に借用証書による貸し付けを行い，利息 ¥*10,000* を差し引き小切手 ¥*490,000* を振り出した。

（4）神奈川商事(株)は，山梨商事(株)に対して約束手形を振り出して資金の借入れを行い，利息 ¥*4,500* を差し引かれ，同社振出しの小切手 ¥*745,500* を受け取った。

		借 方 科 目	金　　額	貸 方 科 目	金　　額
（1）	埼玉商事				
	東京商事				
（2）	群馬商事				
	栃木商事				
（3）	茨城商事				
	千葉商事				
（4）	神奈川商事				
	山梨商事				

問2 次の取引の仕訳を示しなさい。

（1）郡山商事(株)は，花巻商事(株)より借用証書により¥1,000,000を借り入れ，利息¥25,000を差し引かれ，手取金は同社振出しの小切手で受け取った。

（2）郡山商事は，上記借入金の返済期限が到来したので，小切手を振り出して返済した。

（3）足利商事(株)は，取引先高崎商事(株)の依頼により現金¥2,000,000を貸し付け，同社振出しの約束手形を受け取った。なお，貸付期間は6か月，利率は年7.5%である。

（4）足利商事は，上記（3）で高崎商事に貸し付けた¥2,000,000の返済を受け，利息とともに同社振出しの小切手で受け取った。

	借方科目	金　額	貸方科目	金　額
（1）				
（2）				
（3）				
（4）				

問3 次の取引について，両社の仕訳を示しなさい。ただし，商品に関する勘定は3分法によること。

11月2日　古河商事(株)は，船橋商事(株)に商品¥550,000を注文し，内金として現金¥50,000を支払った。

21日　古河商事は，船橋商事から上記商品を受け取り，代金は内金を差し引き残額は掛けとした。

日付		借方科目	金　額	貸方科目	金　額
11/2	古河商事				
	船橋商事				
21	古河商事				
	船橋商事				

問4 次の取引の仕訳を示しなさい。ただし、**商品に関する勘定は3分法によること。**

（1）熊谷商事(株)は得意先新宿商事(株)に商品 ¥480,000 を売却し、代金は月末に受け取ることとした。

（2）不用になった雑誌・古新聞などを売却し、代金 ¥1,500 は月末に受け取ることとした。

（3）川崎商事(株)は塩山商事(株)より商品 ¥375,000 を買い入れ、代金は翌月末に支払うこととした。なお、引取費用 ¥3,000 は現金で支払った。

（4）商品陳列ケース ¥850,000 を買い入れ、代金のうち ¥150,000 は小切手を振り出して支払い、残額は月末払いとした。

	借 方 科 目	金 額	貸 方 科 目	金 額
（1）				
（2）				
（3）				
（4）				

問5 次の一連の取引の仕訳を示しなさい。

（1）従業員の私用の支払いのために、現金 ¥50,000 を立替払いした。

（2）本日給料の支払いにあたり、従業員に対する給料 ¥350,000 のうち、さきに立替払いした ¥50,000、所得税の源泉徴収額 ¥35,000、社会保険料 ¥10,000 を差し引き ¥255,000 を現金で支払った。

（3）かねて従業員から預かっていた社会保険料 ¥10,000 を普通預金口座から納付した。

（4）所得税の源泉徴収額 ¥35,000 を税務署に現金で納付した。

	借 方 科 目	金　　額	貸 方 科 目	金　　額
（1）				
（2）				
（3）				
（4）				

問6 次の一連の取引の仕訳を示しなさい。

（1）従業員の出張にあたり，旅費の概算額 ¥80,000 を現金で渡した。

（2）出張中の従業員より，当座振込 ¥580,000 があったが，その内容は不明である。

（3）かねて内容不明の当座振込 ¥580,000 について，従業員より以下の内容であるとの連絡があった。

　　　得意先からの売掛金回収額　¥300,000　　商品注文に対する内金　¥280,000

（4）従業員が帰社し，旅費の精算を行い，不足額 ¥2,000 を現金で渡した。なお，出張にさいし概算額 ¥80,000 を渡してあった。

	借 方 科 目	金　　額	貸 方 科 目	金　　額
（1）				
（2）				
（3）				
（4）				

問1 次の取引の仕訳を示しなさい。ただし，**商品に関する勘定は3分法によること。**

（1）豊田商事(株)に借用証書により現金 ¥*200,000* を貸し付けた。

（2）豊田商事から上記（1）の貸付金 ¥*200,000* と，その利息 ¥*10,000* をともに現金で受け取った。

（3）松坂商事(株)から借用証書により現金 ¥*300,000* を借り入れた。

（4）豊橋商事(株)から約束手形を振り出し ¥*250,000* を借り入れ，利息 ¥*3,500* を差し引かれ，手取金は現金で受け取った。

（5）富山商事(株)に商品 ¥*280,000* を注文し，代金の一部 ¥*80,000* を内金として現金で払った。

（6）富山商事から上記（5）の注文品 ¥*280,000* を仕入れ，代金のうち ¥*80,000* はさきに前払いしてある内金を差し引き，残額は掛けとした。

（7）金沢商事(株)から商品 ¥*160,000* の注文を受け，代金の一部 ¥*60,000* を内金として現金で受け取った。

（8）不用になった古新聞・古雑誌などを売却し，代金 ¥*1,200* は月末に受け取ることにした。なお，雑収入として処理する。

（9）備品 ¥*250,000* を買い入れ，代金は月末に支払うことにした。

（10）従業員が私用で買い入れた音響製品の代金 ¥*50,000* を，現金で立替払いした。

（11）従業員の出張にさいし，旅費概算額 ¥*60,000* を現金で渡した。

（12）従業員が帰ってきたので，上記（11）の旅費を精算し，旅費の残額 ¥*2,500* を現金で受け取った。

（13）出張中の従業員から，¥*100,000* が当座預金に振り込まれた。ただし，その内容は不明である。

（14）当座預金に振り込まれた上記（13）の ¥*100,000* は，仙台商事(株)からの売掛金の回収であることがわかった。

（15）約束手形を振り出して，取引銀行から ¥*280,000* を借り入れ，利息 ¥*4,200* を差し引かれて残額は当座預金とした。

（16）本月分の給料 ¥*790,000* の支払いにさいし，所得税額 ¥*47,000* と従業員立替金 ¥*50,000*，および社会保険料 ¥*4,500* を差し引いて，残額は現金で支払った。

	借方科目	金　額	貸方科目	金　額
（1）				
（2）				
（3）				
（4）				
（5）				
（6）				
（7）				
（8）				
（9）				
（10）				
（11）				
（12）				
（13）				
（14）				
（15）				
（16）				

第 6 節　有価証券取引

問1 次の取引の仕訳を示しなさい。

（1）松本商事株式会社の株式 3,000 株を 1 株 ¥900 で買い入れ，代金は手数料 ¥27,000 とともに小切手を振り出して支払った。

（2）氷見物産株式会社の株式 1,500 株を 1 株 ¥850 で買い入れ，代金は後日支払うこととした。なお，手数料 ¥12,000 は小切手を振り出して支払った。

（3）能登工業株式会社の社債（額面総額 ¥5,000,000）を額面 ¥100 につき ¥98.50 で買い入れ，代金は手数料 ¥25,000 とともに小切手を振り出して支払った。

（4）国債（額面総額 ¥2,000,000）を額面 ¥100 につき ¥99.40 で買い入れ，代金は後日支払うこととした。なお，手数料 ¥5,000 は現金で支払った。

	借 方 科 目	金　　額	貸 方 科 目	金　　額
（1）				
（2）				
（3）				
（4）				

問2 次の取引の仕訳を示しなさい。

（1）保有している松本商事株式会社の株式 3,000 株（帳簿価額 ¥2,727,000）のうち 1,000 株を 1 株 ¥915 で売却し，代金は後日受け取ることとした。

（2）保有している氷見物産株式会社の株式 1,500 株（帳簿価額 ¥1,287,000）を ¥1,280,000 で売却し，代金は現金で受け取った。

（3）保有している能登工業株式会社の社債（額面総額 ¥5,000,000　帳簿価額 ¥4,950,000）を額面 ¥100 につき ¥99.40 で売却し，代金は買手振出しの小切手で受け取った。

（4）保有している国債（額面総額 ¥2,000,000　帳簿価額 ¥1,993,000）のうち半分を額面 ¥100 につき ¥99.70 で売却し，代金は後日受け取ることとした。

	借 方 科 目	金　　額	貸 方 科 目	金　　額
（1）				
（2）				
（3）				
（4）				

◆ 練 習 問 題 ◆

問1 次の取引の仕訳を示しなさい。

（1）札幌商事株式会社の額面金額 ¥1,000,000 の社債を額面 ¥100 につき ¥97 で買い入れ，代金は後日支払うこととした。

（2）額面金額 ¥3,000,000 の国債を額面 ¥100 につき ¥96.5 で買い入れ，代金は買入手数料 ¥50,000 とともに，後日支払うこととした。

（3）旭川工業株式会社の株式 35 株を 1 株 ¥67,400 で買い入れ，代金は買入手数料 ¥35,000 とともに，小切手を振り出して支払った。

（4）保有する岩手物産株式会社の株式 25 株（1 株の帳簿価額 ¥70,000）を，1 株につき ¥83,000 で売却し，代金は後日受け取ることにした。

（5）保有する秋田商事株式会社の社債（額面 ¥1,000,000，帳簿価額 ¥980,000）を額面 ¥100 につき ¥97 で売却し，代金は現金で受け取り，ただちに当座預金とした。

	借 方 科 目	金　　額	貸 方 科 目	金　　額
（1）				
（2）				
（3）				
（4）				
（5）				

第 7 節　有形固定資産取引

問1　次の取引の仕訳を示しなさい。

（1）土地 100 坪（1 坪 ¥*150,000*）を購入し，代金のうち ¥*5,000,000* は小切手を振り出して支払い，残額は 10 年間の分割払いとした。なお，不動産仲介手数料および登記料など ¥*500,000* は現金で支払った。

（2）上記土地の整地費用 ¥*1,000,000* を小切手を振り出して支払った。

（3）建物 ¥*10,000,000* を購入し，頭金 ¥*1,000,000* を小切手を振り出して支払い，残額は 10 年間の分割払いとした。

（4）上記建物の登記費用など ¥*150,000* を現金で支払った。

	借 方 科 目	金　　額	貸 方 科 目	金　　額
（1）				
（2）				
（3）				
（4）				

問1 次の取引の仕訳を示しなさい。

（1）営業用に建物 ¥5,000,000 を買い入れ，代金は買入手数料 ¥680,000 とともに，小切手を振り出して支払った。

（2）ルームエアコン ¥500,000 を買い入れ，代金は据付費用 ¥30,000 とともに，小切手を振り出して支払った。

（3）営業用の自動車 ¥1,200,000 を買い入れ，代金は小切手を振り出して支払った。

（4）店舗用に 1 m² あたり ¥150,000 の土地を 120 m² 買い入れ，代金のうち ¥3,000,000 は小切手を振り出して支払い，残額は翌月からの分割払いとした。なお，登記費用など ¥150,000 は現金で支払った。

	借 方 科 目	金　　額	貸 方 科 目	金　　額
（1）				
（2）				
（3）				
（4）				

|基|本|問|題|

問1 次の取引の仕訳を示しなさい。

（1）収入印紙 ¥20,000 と切手 ¥5,000 を購入し，代金は現金で支払った。

（2）固定資産税の第1期分 ¥15,000 を現金で納付した。ただし，納税通知書を受け取ったとき未払税金勘定で処理していない。

（3）上記（2）の固定資産税の第3期分 ¥15,000 を現金で納付した。

（4）固定資産税 ¥160,000 の納税通知書を受け取った。ただし，未払税金勘定で処理している。

（5）上記（4）の固定資産税の第1期分 ¥40,000 を現金で納付した。

	借　方　科　目	金　　額	貸　方　科　目	金　　額
（1）				
（2）				
（3）				
（4）				
（5）				

問2 次の取引の仕訳を示しなさい。ただし，商品に関する勘定は3分法を使用し，消費税については税抜方式により処理すること。

（1）商品 ¥220,000（うち消費税 ¥20,000）を仕入れ，代金は掛けとした。

（2）商品 ¥275,000（うち消費税 ¥25,000）を売り渡し，代金は掛けとした。

	借　方　科　目	金　　額	貸　方　科　目	金　　額
（1）				
（2）				

問1 次の取引の仕訳を示しなさい。ただし，商品に関する勘定は3分法を使用し，消費税については税抜方式により処理すること。

（1）商品 ¥88,000（消費税 ¥8,000 を含む）を仕入れ，代金は掛けとした。

（2）商品 ¥220,000（消費税 ¥20,000 を含む）を売り渡し，代金は掛けとした。

（3）固定資産税の第3期分 ¥20,000 を現金で納付した。ただし，納税通知書を受け取ったとき未払税金勘定で処理していない。

（4）固定資産税 ¥200,000 の納税通知書を受け取った。ただし，未払税金勘定で処理している。

（5）上記（4）の固定資産税の第2期分 ¥50,000 を現金で納付した。

（6）郵便局で，収入印紙 ¥3,000 と郵便切手 ¥1,000 を現金で購入した。

	借 方 科 目	金 額	貸 方 科 目	金 額
（1）				
（2）				
（3）				
（4）				
（5）				
（6）				

|基|本|問|題|

問1 次の取引の仕訳を示しなさい。

（1）会社設立にあたり株式300株を1株につき ¥*120,000* で発行し，払込金を当座預金とした。なお，払込金は全額を資本金として処理した。

（2）会社設立にあたり株式250株を1株につき ¥*80,000* で発行し，払込金を当座預金とした。なお，払込金は全額を資本金として処理した。

	借　方　科　目	金　　　額	貸　方　科　目	金　　　額
（1）				
（2）				

◆ 練 習 問 題 ◆

問1 次の取引の仕訳を示しなさい。

（1）株式会社設立にさいし，株式1,500株を1株につき ¥*62,000* で発行し，払込金を当座預金口座に入金した。なお，払込金は全額を資本金として処理した。

（2）株式会社設立にさいし，株式750株を1株につき ¥*85,000* で発行し，払込金を当座預金口座に入金した。なお，払込金は全額を資本金として処理した。

	借　方　科　目	金　　　額	貸　方　科　目	金　　　額
（1）				
（2）				

|基|本|問|題|

問 1 次の各証ひょうにもとづいて，株式会社深谷商事で必要な仕訳を示しなさい。また，商品売買取引は 3 分法，(1)については消費税を税抜方式により処理すること。((2)は特に消費税の処理を行う必要はない。)

(1) 商品を仕入れ，品物とともに次の納品書を受け取り，代金は後日支払うこととした。

納　品　書

株式会社深谷商事　御中　　　　　　　　　　　　　　　　01 年 4 月 1 日
　　　　　　　　　　　　　　　　　　　　　　　　　　　本庄商事株式会社

品　　物	数　量	単　価	金　額
洗剤（50 個入りケース）	20	7,000	¥140,000
柔軟剤（50 個入りケース）	20	25,000	¥500,000
ティッシュ（100 個入りケース）	15	9,000	¥135,000
		消費税	¥ 77,500
		合　計	¥852,500

(2) 事務作業に使用する物品を購入し，品物とともに次の請求書を受け取り，代金は後日支払うこととした。

請　求　書

株式会社深谷商事　様　　　　　　　　　　　　　　　　01 年 5 月 1 日
　　　　　　　　　　　　　　　　　　　　　　　　　　　秩父商事株式会社

品　　物	数　量	単　価	金　額
印刷用紙（500 枚入）	10	600	¥ 6,000
プリンターインク・黒	4	10,000	¥40,000
ボールペン（10 本入）	10	500	¥ 5,000
送　料	—	—	¥ 1,000
		合　計	¥52,000

01 年 5 月 31 日までに合計額を下記口座へお振込み下さい。
実教銀行秩父支店　普通　1234567　チチブショウジ（カ

	借 方 科 目	金　　額	貸 方 科 目	金　　額
(1)				
(2)				

問2 次の各証ひょうにもとづいて，株式会社所沢商事で必要な仕訳を示しなさい。なお，消費税の処理は特に行う必要はない。

（1）事務作業に使用する物品をインターネット注文で購入し，品物とともに次の領収証を受け取った。なお，代金はすでに支払い済みであり，仮払金勘定で処理してある。

領　収　証				
株式会社所沢商事　様				01 年 4 月 1 日 大宮電器株式会社
品　　　物	数　量	単　価	金　　額	
デスクトップパソコン	10	280,000	¥2,800,000	
配送料	―	―	¥　11,000	
セッティング作業	10	4,500	¥　45,000	
		合　計	¥2,856,000	

上記の合計額を領収いたしました。

収入印紙
600 円

（2）事務作業に使用する物品を購入し，品物とともに次の請求書を受け取り，代金は後日支払うこととした。

請　求　書				
株式会社所沢商事　様				01 年 5 月 1 日 株式会社熊谷電器
品　　　物	数　量	単　価	金　　額	
印刷用紙（500 枚入）	10	600	¥　6,000	
デスクトップパソコン	1	270,000	¥270,000	
		合　計	¥276,000	

01 年 5 月 31 日までに合計額を下記口座へお振込み下さい。
　実教銀行熊谷支店　普通　1122334　カ）クマガヤデンキ

	借 方 科 目	金　　額	貸 方 科 目	金　　額
(1)				
(2)				

問3 次の取引を入金伝票・出金伝票・振替伝票に記入しなさい。

01 年 1 月 10 日　埼玉商事(株)に対する売掛金の回収として, ¥*120,000* を現金で受け取った。(伝票 No.23)

01 年 1 月 16 日　群馬商事(株)に対する買掛金 ¥*270,000* の支払いのために, 約束手形を振り出した。(伝票 No.31)

01 年 1 月 23 日　栃木商事(株)から商品 ¥*180,000* を仕入れ, 代金は現金で支払った。なお, 商品売買については, 3 分法により処理している。(伝票 No.55)

振　替　伝　票　　No._____					承認印	主帳印	会計印	係印	印
年　　月　　日									
金　　額	借方科目	摘　　要	貸方科目	金　　額					
合　　計									

入　金　伝　票　　No._____			承認印	主帳印	会計印	係印	印
年　　月　　日							
科目		入金先					殿
摘　　　　要		金　　額					
合　　　計							

出　金　伝　票　　No._____			承認印	主帳印	会計印	係印	印
年　　月　　日							
科目		支払先					殿
摘　　　　要		金　　額					
合　　　計							

問4 次の各種伝票の記入を各勘定口座（Tフォーム）の空欄に転記しなさい。なお，口座の（　　）には相手勘定，[　　]には金額を記入すること。

入　金　伝　票　　No. 12			承認印	西	主帳印	南	会計印		係印	東
01 年 9 月 8 日										

科目	売　掛　金	入金先	名古屋商事（株）　　　　　　殿

摘　　　　　要	金　　額
売掛金の回収	3 2 0 0 0 0
合　　　　　計	¥ 3 2 0 0 0 0

出　金　伝　票　　No. 22			承認印	西	主帳印	南	会計印		係印	東
01 年 9 月 14 日										

科目	仕　　　入	支払先	静岡商事（株）　　　　　　殿

摘　　　　　要	金　　額
商品の仕入代金支払い	1 2 0 0 0 0
合　　　　　計	¥ 1 2 0 0 0 0

振　替　伝　票　　　No. 33					承認印	西	主帳印	係印	東
01 年 9 月 23 日									

金　　額	借方科目	摘　　要	貸方科目	金　　額
6 0 0 0 0 0	買 掛 金	約束手形の振出し	支払手形	6 0 0 0 0 0
¥ 6 0 0 0 0 0		合　　　　計		¥ 6 0 0 0 0 0

現　　　金

9 / 8	(	)	[	]	9 /14	( ) [ ]

売　掛　金

	9 / 8　( )　[ ]

支　払　手　形

	9 /23　( )　[ ]

買　掛　金

9 /23　( )　[ ]	

仕　　　入

9 /14　( )　[ ]	

問1 次の証ひょうにもとづいて，株式会社川越商事で必要な仕訳を示しなさい。また，商品売買は3分法，消費税については税抜方式により処理すること。

坂戸商事株式会社に商品 ¥275,000（消費税 ¥25,000 を含む）を売り渡し，代金として以下のとおり受け取った。

Bank

小　切　手

支払地
実教銀行坂戸支店

¥175,000※

上記の金額をこの小切手と引替えに
持参人へお支払いください。

振出日　02年5月7日　　　　　　埼玉県坂戸市菱池町35
　　　　　　　　　　　　　　　坂戸商事株式会社

振出地　埼玉県坂戸市　　振出人　代表取締役　坂戸　一郎　㊞

約　束　手　形

収入 印紙 200円 ㊞	株式会社川越商事　殿	支払期日　02年7月7日

株式会社川越商事　殿

¥100,000※

支払期日　02年7月7日
支払地　埼玉県坂戸市
支払場所
実教銀行坂戸支店

上記金額をあなたまたはあなたの指図人へこの約束手形と
引替えにお支払いいたします

02年5月7日
振出地　埼玉県坂戸市
振出人　埼玉県坂戸市菱池町35
　　　　坂戸商事株式会社

　　　　代表取締役　坂戸　一郎　㊞

借　方　科　目	金　　　額	貸　方　科　目	金　　　額

問2 次の取引を下記の略式の入金伝票・出金伝票・振替伝票に記入しなさい。

8 月 8 日　従業員の出張にあたり旅費の概算額 ¥*30,000* を現金で支払った。(伝票 No.33)

　　10 日　営業用の金庫を ¥*130,000* で購入し，代金は月末払いとした。(伝票 No.12)

　　11 日　小切手を振り出し，現金 ¥*250,000* を引き出した。(伝票 No.25)

振 替 伝 票			No.
01 年　　月　　日			
科　　　目	金　　　額	科　　　目	金　　　額

入 金 伝 票　　No.	
01 年　　月　　日	
科　　　目	金　　　額

出 金 伝 票　　No.	
01 年　　月　　日	
科　　　目	金　　　額

問3 次の各種伝票の記入を各勘定口座（Tフォーム）の空欄に転記し，売上勘定を除き締め切りなさい。なお，勘定口座の（　）には相手勘定，［　］には金額を記入すること。

| 振　替　伝　票　　No.　1 | | | | | 承認印 (西) | 主帳印 (南) | 会計印 | | 係印 (東) |

01 年 5 月 28 日

金　　額	借方科目	摘　　要	貸方科目	金　　額
300000	売 掛 金	小川商事(株)へ掛け売上	売　上	300000
¥300000		合　　　　　計		¥300000

| 入　金　伝　票　　No.　3 | | | | 承認印 (西) | 主帳印 (南) | 会計印 | | 係印 (東) |

01 年 5 月 4 日

科目	売 掛 金	入金先	埼玉商事(株)　　　　　殿

摘　　　　　要	金　　額
売掛金の回収	230000
合　　　計	¥230000

| 出　金　伝　票　　No.　5 | | | | 承認印 (西) | 主帳印 (南) | 会計印 | | 係印 (東) |

01 年 5 月 12 日

科目	買 掛 金	支払先	坂戸商事(株)　　　　　殿

摘　　　　　要	金　　額
買掛金の支払い	150000
合　　　計	¥150000

現　　　金

5 / 1	前 月 繰 越	120,000	5 /12	（　　　　）	[　　　　]
4	（　　　　）	[　　　　]	31	次 月 繰 越	[　　　　]
		[　　　　]			[　　　　]
6 / 1	前 月 繰 越	[　　　　]			

売　掛　金

5 / 1	前 月 繰 越	280,000	5 / 4	（　　　　）	[　　　　]
28	（　　　　）	[　　　　]	31	次 月 繰 越	[　　　　]
		[　　　　]			[　　　　]
6 / 1	前 月 繰 越	[　　　　]			

買　掛　金

5 /12	（　　　　）	[　　　　]	5 / 1	前 月 繰 越	190,000
31	次 月 繰 越	[　　　　]			
		[　　　　]			[　　　　]
			6 / 1	前 月 繰 越	[　　　　]

売　　　上

| | | | 5 /28 | （　　　　） | [　　　　] |

第 **3** 章 決 算

第 **1** 節 決算整理

|基|本|問|題|

問1 次の勘定記録から下記の設問に答えなさい。ただし，期末商品棚卸高は ¥*150,000*，決算日は 3 月 31 日である。

（1）売上原価を計算するための決算整理仕訳と転記を示しなさい。

（2）売上原価を求めなさい。

（1）

日付	借 方 科 目	金 　 額	貸 方 科 目	金 　 額
3 /31				

繰 越 商 品			仕 　 入	
4/1　前期繰越　*130,000*			*4,350,000*	

（2）　¥ _____

問2 次の勘定記録から決算整理仕訳を示し，各勘定に転記しなさい。なお，期末商品棚卸高は ¥*100,000*，決算日は 3 月 31 日である。

日付	借 方 科 目	金 　 額	貸 方 科 目	金 　 額
3 /31				

繰 越 商 品			仕 　 入	
4/1　前期繰越　*240,000*			*4,560,000*	

問3 次の空欄にあてはまる金額を計算しなさい。

（単位：円）

	期首商品棚卸高	純仕入高	期末商品棚卸高	売上原価	純売上高	売上総利益
1	860,000	6,420,000	880,000	（ ア ）	（ イ ）	1,280,000
2	930,000	（ ウ ）	970,000	5,400,000	6,480,000	（ エ ）

（ア）	¥	（イ）	¥	（ウ）	¥	（エ）	¥

問4 決算に必要な仕訳を示しなさい。

四国商事(株)は，決算にさいし，売掛金勘定の残高 ¥55,000 に対して 2％の貸倒れを見積もった。

日付	借方科目	金　額	貸方科目	金　額
3 /31				

問5 決算整理前の残高試算表および決算整理事項によって，決算に必要な仕訳を示しなさい。決算日は 3 月 31 日である。

残 高 試 算 表

借　方	勘定科目	貸　方
	中　略	
65,000	受 取 手 形	
80,000	売 掛 金	
	貸倒引当金	900

決算整理事項

受取手形と売掛金の期末残高に対して 2％の貸倒引当金を見積もる。差額補充法により処理する。

日付	借方科目	金　額	貸方科目	金　額
3 /31				

問6 決算に必要な仕訳を示しなさい。

中国商事(株)は，決算にさいし，受取手形勘定の残高 ¥ *380,000* と売掛金勘定の残高 ¥ *170,000* に対して 3%の貸倒れを見積もった。差額補充法により処理する。ただし，貸倒引当金勘定の残高が ¥ *15,000* ある。決算日は 3 月 31 日である。

日付	借 方 科 目	金　　額	貸 方 科 目	金　　額
3 /31				

問7 前期に計上した瀬戸内商事(株)に対する売掛金 ¥ *15,000* が貸倒れになった。次の (ア)，(イ) それぞれの場合の仕訳を示しなさい。

（ア）貸倒引当金勘定の残高が ¥ *34,000* ある。

（イ）貸倒引当金勘定の残高が ¥ *12,000* ある。

	借 方 科 目	金　　額	貸 方 科 目	金　　額
（ア）				
（イ）				

問8 次の取引の仕訳を示しなさい。

（1）前期に計上した香川商事(株)に対する売掛金 ¥ *50,000* が貸倒れとなった。ただし，貸倒引当金勘定の残高は ¥ *120,000* ある。

（2）山陽商事(株)は，当期の販売により発生した売掛金 ¥ *12,000* から貸倒れが発生した。

	借 方 科 目	金　　額	貸 方 科 目	金　　額
（1）				
（2）				

問9 決算に必要な仕訳を示しなさい。

決算にさいし，当期の期首に取得した建物 (取得原価 ¥ *1,000,000*，耐用年数 10 年，残存価額 ゼロ) の減価償却を定額法で行った。なお，記帳は直接法による。決算日は 3 月 31 日である。

日付	借 方 科 目	金　　額	貸 方 科 目	金　　額
3 /31				

問 10 決算に必要な仕訳を示しなさい。

決算にさいし，備品の減価償却を定額法で行った。ただし，会計期間は01年4月1日から02年3月31日までの1年であり，記帳は直接法による。なお，備品は01年7月1日に取得したものである。

備品：取得原価　¥800,000，耐用年数　5年，残存価額　ゼロ

日付	借方科目	金　額	貸方科目	金　額
3/31				

問 11 決算整理前の残高試算表および決算整理事項によって，決算に必要な仕訳を示しなさい。決算日は3月31日である。

残 高 試 算 表

借　方	勘定科目	貸　方
	中　略	
200,000	建　物	
60,000	備　品	

決算整理事項

建物および備品（いずれも当期首に取得）について定額法により減価償却を行う。ただし，残存価額は建物・備品ともにゼロ，耐用年数は建物については20年，備品については6年とする。なお，記帳は直接法による。

日付	借方科目	金　額	貸方科目	金　額
3/31				

問 12 次の資料により，固定資産台帳に記入しなさい。なお，減価償却の方法はいずれも残存価額ゼロ，定額法，期中での取得分は月割りで計算する。決算日は03年3月31日である。

【資料】

01年4月2日　事務用パソコン1台を¥180,000で購入し，代金は現金で支払った。（耐用年数4年）

02年8月1日　会議用テーブル1脚を¥144,000で購入し，代金は現金で支払った。（耐用年数12年）

固 定 資 産 台 帳

03年3月31日現在

取得年月日	種　類	耐用年数	取 得 原 価	期首帳簿価額	当期減価償却費	期末帳簿価額
備　品						
01.4/2	事務用パソコン					
02.8/1	会議用テーブル					

問13 次の取引の仕訳を示しなさい。

01 年 9 月 1 日　火災保険料 1 年分 ¥18,000 を現金で支払った。

02 年 3 月 31 日　決算にあたり，上記保険料のうち前払分を次期に繰り延べた。

日付	借方科目	金　額	貸方科目	金　額
01.9 / 1				
02.3 /31				

問14 次の取引の仕訳を示しなさい。

01 年 11 月 30 日　広告費 6 か月分（6 月分から 11 月分まで）¥600,000 を現金で支払った。

02 年 3 月 31 日　決算にあたり，広告費の未払分（4 か月分）を計上した。

日付	借方科目	金　額	貸方科目	金　額
01.11/30				
02.3 /31				

問15 決算整理前の残高試算表および決算整理事項によって，決算に必要な仕訳を示しなさい。決算日は 3 月 31 日である。

残 高 試 算 表

借　　方	勘 定 科 目	貸　　方
	中　略	
1,000	現金過不足	

決算整理事項

現金過不足勘定の残高は，その原因が決算日までに判明しなかった。

日付	借方科目	金　額	貸方科目	金　額
3 /31				

問16 決算整理前の残高試算表および決算整理事項によって，決算に必要な仕訳を示しなさい。決算日は 3 月 31 日である。

残 高 試 算 表

借　　方	勘 定 科 目	貸　　方
	中　略	
	現金過不足	20,000

決算整理事項

決算日において現金過不足勘定の残高のうち，¥18,000 は売掛金回収の記入もれであることが判明したが，残額については原因が判明しなかった。

日付	借 方 科 目	金　　額	貸 方 科 目	金　　額
3 /31				

問17 決算整理前の残高試算表および決算整理事項によって，決算に必要な仕訳を示しなさい。決算日は 3 月 31 日である。

残 高 試 算 表

借　　方	勘 定 科 目	貸　　方
25,000	現　　　金	

決算整理事項

決算日において現金の実際有高は ¥25,500 であり，帳簿残高との不一致の原因は不明である。

日付	借 方 科 目	金　　額	貸 方 科 目	金　　額
3 /31				

問18 次の取引の仕訳を示しなさい。

01 年 7 月 7 日　事務用品 ¥64,000 を買い入れ，代金は現金で支払った。

02 年 3 月 31 日　決算にあたり，消耗品の未使用分 ¥8,500 を計上した。

日付	借 方 科 目	金　　額	貸 方 科 目	金　　額
01.7 / 7				
02.3 /31				

|基|本|問|題|

問1 次の決算整理事項にもとづいて，(1)決算整理仕訳を示し，(2)精算表を完成しなさい。ただし，会計期間は 01 年 4 月 1 日から 02 年 3 月 31 日までの 1 年である。

決算整理事項

① 期末商品棚卸高は¥45,000 である。売上原価は「仕入」の行で計算すること。

② 売掛金残高に対して 5%の貸倒引当金を設定する。差額補充法によること。

③ 備品について定額法によって減価償却を行う。

　　ただし，取得原価は¥48,000，残存価額はゼロ，耐用年数は 8 年

④ 現金過不足勘定の残高は，原因不明につき雑損として処理する。

（1）

	借 方 科 目	金　　額	貸 方 科 目	金　　額
①				
②				
③				
④				

（2）

精　算　表

02 年 3 月 31 日

勘定科目	残高試算表		整理記入		損益計算書		貸借対照表	
	借　方	貸　方	借　方	貸　方	借　方	貸　方	借　方	貸　方
現　　　　金	25,000							
現 金 過 不 足	200							
当 座 預 金	37,000							
売 　掛 　金	120,000							
貸 倒 引 当 金		2,000						
貸 　付 　金	32,000							
繰 越 商 品	57,000							
備 　　　品	36,000							
買 　掛 　金		97,500						
資 　本 　金		150,000						
繰越利益剰余金		20,000						
売 　　　上		558,900						
受 取 利 息		1,600						
仕 　　　入	492,000							
給 　　　料	12,000							
消 耗 品 費	4,000							
支 払 地 代	10,000							
保 　険 　料	4,800							
	830,000	830,000						
貸倒引当金繰入								
減 価 償 却 費								
（　　　　）								
当期純（　　）								

問2 次の決算整理事項により，精算表を作成しなさい。決算は年1回，3月31日である。

決算整理事項

1. 期末商品棚卸高　¥880,000

2. 貸倒引当金　売掛金残高の2%とする（差額補充法）。

3. 備品減価償却高　定額法　耐用年数　6年（当期首に購入し，使用している。）
   　　　　　　　　残存価額　ゼロ（直接法）

4. 現金過不足勘定の残高は，原因不明につき雑益として処理する。

5. 保険料前払高　¥58,000

6. 広告費未払高　¥67,000

7. 消耗品未使用高　¥39,000

勘定科目	残高試算表		整理記入		損益計算書		貸借対照表	
	借 方	貸 方	借 方	貸 方	借 方	貸 方	借 方	貸 方
現　　　　金	982,000							
現 金 過 不 足		20,000						
売　掛　金	1,000,000							
貸 倒 引 当 金		5,000						
有 価 証 券	960,000							
繰 越 商 品	840,000							
貸　付　金	1,000,000							
備　　　品	450,000							
買　掛　金		710,000						
資　本　金		4,500,000						
繰越利益剰余金		586,000						
売　　　　上		5,181,000						
受 取 利 息		56,000						
仕　　　　入	3,874,000							
給　　　料	997,000							
保　険　料	78,000							
広　告　費	252,000							
支 払 家 賃	420,000							
消 耗 品 費	110,000							
雑　　　　費	95,000							
	11,058,000	11,058,000						
貸倒引当金繰入								
減 価 償 却 費								
雑　　　益								
前 払 保 険 料								
未 払 広 告 費								
消　耗　品								
当期純（　　　）								

問1 次の決算整理事項によって精算表を作成しなさい。ただし，会計期間は 4 月 1 日～3 月 31 日である。

<u>決算整理事項</u>

1. 期末商品棚卸高　¥1,210,000

2. 貸 倒 引 当 金　売掛金残高に対し 2%の貸倒れを見積もる（差額補充法）。

3. 備品減価償却高　以下の資料により，定額法により計算する（直接法による記帳）。

　　　　　　　　　取得原価¥1,500,000　　残存価額はゼロ　　耐用年数 6 年

4. 現金過不足勘定の残高は，原因不明につき雑益とする。

5. 消耗品の未使用高　¥　40,000

6. 給料の未払高　¥　120,000

7. 家賃の前払高　¥　200,000

精　算　表

勘定科目	残高試算表 借方	残高試算表 貸方	整理記入 借方	整理記入 貸方	損益計算書 借方	損益計算書 貸方	貸借対照表 借方	貸借対照表 貸方
現　　　金	510,000							
現金過不足		12,000						
当 座 預 金	1,132,000							
売　掛　金	2,700,000							
貸倒引当金		34,000						
繰 越 商 品	970,000							
貸　付　金	800,000							
未　収　金	480,000							
備　　　品	1,000,000							
買　掛　金		1,828,000						
資　本　金		4,000,000						
繰越利益剰余金		594,500						
売　　　上		14,191,000						
受 取 利 息		26,500						
仕　　　入	9,800,000							
給　　　料	2,200,000							
支 払 家 賃	800,000							
消 耗 品 費	190,000							
通　信　費	38,000							
雑　　　費	66,000							
	20,686,000	20,686,000						
貸倒引当金繰入								
減 価 償 却 費								
雑　　　益								
消　耗　品								
未 払 給 料								
前 払 家 賃								
当期純（　　　）								

問2 次の決算整理事項によって精算表を作成しなさい。ただし，会計期間は 4 月 1 日〜3 月 31 日である。

<u>決算整理事項</u>

1. 期末商品棚卸高　￥990,000

2. 貸 倒 引 当 金　売掛金残高に対し2%の貸倒れを見積もる（差額補充法）。

3. 備品減価償却高　以下の資料により，定額法により計算する（直接法による記帳）。

　　　　　取得原価￥1,600,000　残存価額はゼロ　耐用年数 8 年

4. 現金過不足勘定の残高は，原因不明につき雑損とする。

5. 消耗品の未使用高　￥ 28,000

6. 給料の未払高　￥150,000

7. 家賃の前払高　￥140,000

精 算 表

勘定科目	残高試算表 借方	残高試算表 貸方	整理記入 借方	整理記入 貸方	損益計算書 借方	損益計算書 貸方	貸借対照表 借方	貸借対照表 貸方
現　　　金	825,000							
現 金 過 不 足	3,600							
当 座 預 金	1,208,400							
売 　掛　 金	2,500,000							
貸 倒 引 当 金		22,000						
繰 越 商 品	880,000							
貸 　付　 金	1,350,000							
備 　　 品	1,200,000							
買 　掛　 金		1,988,000						
未 　払　 金		300,000						
資 　本　 金		4,000,000						
繰越利益剰余金		620,000						
売 　　 上		15,186,500						
受 取 利 息		67,500						
仕 　　 入	10,650,000							
給 　　 料	2,400,000							
支 払 家 賃	840,000							
消 耗 品 費	122,000							
通 　信　 費	155,000							
雑 　　 費	50,000							
	22,184,000	22,184,000						
貸倒引当金繰入								
減 価 償 却 費								
雑 　　 損								
消 　耗　 品								
未 払 給 料								
前 払 家 賃								
当期純（　　）								

|基|本|問|題|

問1 売上勘定の残高 ¥*15,000* を損益勘定に振り替えたときの振替仕訳を示しなさい。

```
        損        益                          売        上
                   |                                     |        15,000
-------------------|---------          ------------------|----------------
```

借 方 科 目	金　額	貸 方 科 目	金　額

問2 給料勘定の残高 ¥*9,000* を損益勘定に振り替えたときの振替仕訳を示しなさい。

```
        給        料                          損        益
          9,000    |                                     |
-------------------|---------          ------------------|----------------
```

借 方 科 目	金　額	貸 方 科 目	金　額

問3 収益の勘定残高を損益勘定に振り替えるための仕訳を示し，各勘定に転記しなさい。なお，決算日は 3 月 31 日である。

日付	借 方 科 目	金　額	貸 方 科 目	金　額
3 /31				

```
        損        益                          売        上
                   |                                     |        85,000
-------------------|---------          ------------------|----------------
                   |
-------------------|---------                 受 取 利 息
                                                         |         2,000
                                       ------------------|----------------
```

問4 費用の勘定残高を損益勘定に振り替えるための仕訳を示し，各勘定に転記しなさい。なお，決算日は 3 月 31 日である。

日付	借 方 科 目	金 額	貸 方 科 目	金 額
3 /31				

```
         仕        入                        損        益
        50,000  |                                  |
        ----------------                   ----------------
         給        料                                |
        12,000  |                          ----------------
        ----------------
```

問5 損益勘定の残高を繰越利益剰余金勘定に振り替えるための仕訳を示し，各勘定に転記しなさい。なお，決算日は 3 月 31 日である。

日付	借 方 科 目	金 額	貸 方 科 目	金 額
3 /31				

```
        繰越利益剰余金                            損        益
                   |                    3/31 仕    入 50,000 | 3/31 売    上 85,000
       ------------|  200,000            〃 給    料 12,000 |  〃 受取利息  2,000
       ------------|                    --------------------|--------------------
```

問6 帳簿を締め切るために必要な仕訳を示し，各勘定に転記しなさい。なお，決算日は3月31日である。

日付	借方科目	金　　額	貸方科目	金　　額
3/31				
〃				
〃				

売　　上	
	324,000

雑　収　入	
	6,000

仕　　入	
250,000	

給　　料	
48,000	

貸倒引当金繰入	
2,000	

減価償却費	
10,000	

繰越利益剰余金	
	66,000

損　　益	

問7 次の勘定を締め切りなさい。なお，決算日は3月31日である。

仕　　入			
	50,000	3/31 損　益	50,000

損　　益			
3/31 仕　　入	50,000	3/31 売　　上	85,000
〃 給　　料	12,000	〃 受取利息	2,000
〃 繰越利益剰余金	25,000		

問8 次の勘定を締め切りなさい。なお，決算日は3月31日である。

現　　金		
20,000		*40,000*
60,000		
47,000		

繰越利益剰余金		
		200,000
	3/31　損　　益	*27,000*

問9 甲府商事(株)の損益勘定にもとづいて，損益計算書を作成しなさい。

損　　益		
仕　　　　入	*340,000*	売　　　上　*419,000*
給　　　料	*35,500*	受 取 利 息　*1,300*
貸倒引当金繰入	*2,700*	
減価償却費	*5,900*	
支 払 家 賃	*12,000*	
雑　　　費	*1,400*	
繰越利益剰余金	*22,800*	
	420,300	*420,300*

損 益 計 算 書

甲府商事(株)　　　01年4月1日から02年3月31日まで　　　（単位：円）

費　　用	金　　額	収　　益	金　　額
売 上 原 価		売 上 高	
給　　料		受 取 利 息	
貸 倒 引 当 金 繰 入			
減 価 償 却 費			
支 払 家 賃			
雑　　費			
（　　　　　　　）			

問 10 大阪商事(株)(決算は年1回　3月31日)の元帳勘定残高と付記事項および決算整理事項によって，損益計算書と貸借対照表を作成しなさい。

元帳勘定残高

現　　　　金	¥　910,250	当 座 預 金	¥1,512,150	売 　掛 　金	¥4,470,000
貸倒引当金	58,500	繰 越 商 品	1,319,400	貸 　付 　金	1,700,000
備　　　　品	2,100,000	支 払 手 形	1,570,000	買 　掛 　金	3,446,000
仮 　受 　金	100,000	資 　本 　金	4,000,000	繰越利益剰余金	653,200
売　　　　上	25,000,000	受 取 利 息	131,800	仕 　　　　入	18,250,000
給　　　　料	2,400,000	支 払 家 賃	1,200,000	通 　信 　費	383,500
租 税 公 課	289,600	雑 　　　　費	424,600		

付 記 事 項

仮受金 ¥100,000 は，商品注文による内金の受取りであった。

決算整理事項

1. 期末商品棚卸高　¥1,442,300
2. 貸 倒 引 当 金　売掛金残高に対し2%の貸倒れを見積もる（差額補充法）。
3. 備品減価償却高　以下の資料により，定額法により計算する（直接法による記帳）。
　　　　　　　　　取得原価¥2,800,000　残存価額はゼロ　耐用年数8年
4. 現 金 実 際 有 高　¥913,100　帳簿残高との差額は雑益とする。

損 益 計 算 書

大阪商事(株)　　　　　01年4月1日から02年3月31日まで　　　　　（単位：円）

費　　用	金　　額	収　　益	金　　額
売 上 原 価		売 上 高	
給　　料		（　　　　　　）	
支 払 家 賃		（　　　　　　）	
通 信 費			
貸倒引当金繰入			
（　　　　　　）			
租 税 公 課			
雑　　費			
（　　　　　　）			

貸 借 対 照 表

大阪商事(株)　　　　　　　　02年3月31日　　　　　　　　（単位：円）

資　　産	金　　額	負債および純資産	金　　額
現　　金		支 払 手 形	
当 座 預 金		買 掛 金	
売 掛 金 （　　　　）		（　　　　　　）	
（　　　　） （　　　　）		資 本 金	
商　　品		（　　　　　　）	
貸 付 金			
備　　品			

問1 上尾商事(株)の 02 年 3 月 31 日における総勘定元帳の記録と決算整理事項は，次のとおりであった。よって，損益計算書および貸借対照表を完成しなさい（決算年 1 回　3 月 31 日）。

元帳期末残高

現　　　金　　1		当座預金　　2		受取手形　　3	
3,580,000	2,092,000	7,210,000	5,927,000	1,467,000	617,000

売　掛　金　　4		貸倒引当金　　5		有価証券　　6	
7,086,000	4,786,000	14,000	96,000	990,000	

繰越商品　　7		貸　付　金　　8		備　　　品　　9	
1,340,000		460,000	160,000	800,000	

買　掛　金　　10		前　受　金　　11		資　本　金　　12	
3,550,000	5,930,000	156,000	386,000		4,000,000

繰越利益剰余金　　13		売　　　上　　14		受取利息　　15	
	1,000,000	107,000	9,617,000		29,000

仕　　　入　　16		給　　　料　　17		発　送　費　　18	
6,490,000	212,000	970,000		96,000	

支払家賃　　19		保　険　料　　20		消耗品費　　21	
382,000		48,000		50,000	

雑　　　費　　22	
56,000	

決算整理事項

a　期末商品棚卸高　¥1,250,000

b　貸 倒 引 当 金　受取手形と売掛金の期末残高に対し，それぞれ 5％とする（差額補充法）。

c　備品減価償却高　取得原価 ¥800,000　残存価額はゼロ　耐用年数 8 年　定額法により計算する（直接法）。

d　保険料 ¥48,000 は，01 年 7 月 1 日に契約した期間 1 か年の火災保険に対するものであり，前払高を次期に繰り延べる。

e　家賃の未払高が ¥35,000 ある。

損 益 計 算 書

上尾商事(株)　　　01 年 4 月 1 日から 02 年 3 月 31 日まで　　　（単位：円）

費　用	金　額	収　益	金　額
売 上 原 価		売 上 高	
給　料		受 取 利 息	
（　　　　　　　）			
（　　　　　　　）			
発 送 費			
支 払 家 賃			
保 険 料			
消 耗 品 費			
雑　費			
（　　　　　　　）			

貸 借 対 照 表

上尾商事(株)　　　　　　　02 年 3 月 31 日　　　　　　　（単位：円）

資　産	金　額	負債および純資産	金　額
現　金		買 掛 金	
当 座 預 金		前 受 金	
受 取 手 形（　　　　）		（　　　　　　　）	
（　　　　　）（　　　　）		資 本 金	
売 掛 金（　　　　）		（　　　　　　　）	
（　　　　　）（　　　　）			
有 価 証 券			
（　　　　　）			
貸 付 金			
（　　　　　）			
備　品			

第 4 章 応 用

1 現金・預金取引

問1 次の取引の仕訳を示しなさい。

6 月 10 日　広島商事(株)に対する売掛金 *¥10,000* を同社振出しの小切手で受け取った。

　　 17 日　呉商事(株)に対する売掛金 *¥20,000* を当社振出しの小切手で受け取った。

日付	借 方 科 目	金　　額	貸 方 科 目	金　　額
6 /10				
17				

問2 次の設問に答えなさい。

（1）次の取引の仕訳を示しなさい。

3 月 31 日　決算にあたり，当座預金勘定の貸方残高 *¥2,400* を当座借越勘定に振り替えた。

（2）次の取引の仕訳を示し，当座預金出納帳に記入しなさい。また，銀行と借越限度額 *¥1,000,000* の当座借越契約を結んでいる。

6 月 13 日　川越商事(株)に対する買掛金 *¥250,000* を，小切手 #12 を振り出して支払った。

　　 20 日　5 月分の通信費 *¥25,000* が当座預金口座より引き落とされた。

　　 25 日　大宮商事(株)より売掛金 *¥300,000* について，当座預金口座への振込みを受けた。

日付	借 方 科 目	金　　額	貸 方 科 目	金　　額
（1） 3 /31				
（2） 6 /13				
20				
25				

当座預金出納帳

01年		摘　　要	預　　入	引　　出	借／貸	残　　高
6	1	前月繰越	210,000		借	210,000

問3 次の取引の仕訳を示しなさい。

　池袋銀行と豊島信用金庫に当座預金口座を開設し，それぞれの当座預金に現金￥300,000を預け入れた。ただし，管理のために口座の種別と銀行名を組み合わせた勘定科目で処理している。

借　方　科　目	金　　額	貸　方　科　目	金　　額

問1 次の商品 C の資料にもとづいて，移動平均法によって商品有高帳に記入し，締め切りなさい。

7 月 3 日 売 上 げ 120 個 @¥450

7 日 売上戻り 20 個 @¥450

10 日 仕 入 れ 300 個 @¥308

23 日 売 上 げ 360 個 @¥480

商 品 有 高 帳

移動平均法　　　　　　　　　　　　　商 品 C　　　　　　　　　　　　（単位：円）

01年		摘　　要	受　　入			払　　出			残　　高		
			数量	単価	金　額	数量	単価	金　額	数量	単価	金　額
7	1	前 月 繰 越	200	300	60,000				200	300	60,000
	31	次 月 繰 越									
8	1	前 月 繰 越									

3 掛け取引

問1 次の一連の取引の仕訳を示しなさい。ただし，**商品に関する勘定は3分法によること。**

（1）商品 ¥180,000 をクレジット払いの条件で売り渡した。なお，クレジット会社への手数料（売上代金の5％）は販売時に計上する。

（2）クレジット会社から，上記手取額が当座預金口座に振り込まれた。

	借 方 科 目	金　　額	貸 方 科 目	金　　額
（1）				
（2）				

4 手形取引

問1 次の取引について，両社の仕訳を示しなさい。

（1）前橋商事（株）は，高崎商事（株）に対する買掛金 ¥150,000 の支払いを電子債権記録機関で行うため，電子記録債務の発生記録の請求を行った。また，高崎商事は取引銀行よりその通知を受けた。

（2）太田商事（株）は，桐生商事（株）に対する売掛金 ¥280,000 について，同社の承諾を得て，電子債権記録機関に電子記録債権の発生記録の請求を行った。また，桐生商事はその通知を受けた。

（3）前橋商事は，上記（1）の電子記録債務 ¥150,000 について支払期日が到来し，当座預金口座より高崎商事の普通預金口座に振り込んだ。

		借方科目	金　額	貸方科目	金　額
（1）	前橋商事				
	高崎商事				
（2）	太田商事				
	桐生商事				
（3）	前橋商事				
	高崎商事				

問2 次の取引の仕訳を示し，受取手形記入帳に記入しなさい。ただし，商品に関する勘定は3分法によること。

9月3日　小山商事(株)に商品¥*350,000*を売り渡し，代金として同社振出しの約束手形#5（振出日9月3日　支払期日11月3日　支払場所　栃木銀行本店）を受け取った。

7日　佐野商事(株)から売掛金¥*280,000*の回収として，同社振出しの約束手形#3（振出日9月7日　支払期日12月7日　支払場所　日光銀行本店）を受け取った。

11月3日　小山商事振出しの約束手形#5が期日になり，当座預金に入金されたむね，取引銀行から通知を受けた。

日付	借方科目	金　額	貸方科目	金　額
9 / 3				
7				
11 / 3				

受取手形記入帳

01年	摘　要	金　額	手形種類	手形番号	支払人	振出人または裏書人	振出日 月 日	支払期日 月 日	支払場所	てん末 月 日	てん末 摘要

5　その他の債権・債務の取引

問1 次の取引の仕訳を示しなさい。

静岡商事(株)は，運転資金の不足を補うために一時的に，役員の山下正男氏から現金 ¥800,000 を借り入れ，借用証書を差し入れた。

借方科目	金　額	貸方科目	金　額

問2 東京商事(株)の次の取引の仕訳を示しなさい。

7月25日　従業員から預かった社会保険料 ¥7,200 に，会社の負担額 ¥7,200 を加えた ¥14,400 を普通預金口座から納付した。

8月5日　所得税の源泉徴収額 ¥86,000 を税務署に現金で納付した。

日付	借方科目	金　額	貸方科目	金　額
7/25				
8/5				

問3 次の取引の仕訳を示しなさい。

（1）電子マネーに現金 ¥15,000 をチャージした。

（2）電子マネーを使い電車賃 ¥320 を支払った。

	借方科目	金　額	貸方科目	金　額
（1）				
（2）				

問4 次の取引の仕訳を示しなさい。ただし，**商品に関する勘定は3分法によること。**

（1）商品 ¥10,000 を売り渡し，代金のうち ¥9,000 は地元商工会議所が発行した地域振興商品券を受け取り，残額を現金で受け取った。

（2）売上代金として受け取った地域振興商品券 ¥520,000 について，換金手続きを行い同額が普通預金口座に振り込まれた。

	借 方 科 目	金 額	貸 方 科 目	金 額
（1）				
（2）				

問5 次の取引の仕訳を示しなさい。

貸店舗の賃借にあたり，実教不動産に敷金 ¥200,000，仲介手数料 ¥100,000，1か月分の家賃 ¥200,000 を普通預金口座より振り込んだ。

借 方 科 目	金 額	貸 方 科 目	金 額

6 株式会社の税金

問1 次の取引の仕訳を示しなさい。

01 年 11 月 27 日　法人税、住民税及び事業税の中間申告を行い，税額 ¥400,000 を当座預金口座より納付した。

02 年 3 月 31 日　決算で確定した利益に対して，法人税、住民税及び事業税の金額が ¥850,000 と計算された。

02 年 5 月 29 日　確定申告を行い，中間納付額を差し引いた額を当座預金口座より納付した。

日付	借方科目	金　　額	貸方科目	金　　額
01.11/27				
02.3 /31				
02.5 /29				

問2 次の取引の仕訳を示しなさい。

3 月 31 日　決算整理前残高試算表における仮払消費税勘定と仮受消費税勘定の残高は，それぞれ ¥250,000 と ¥380,000 であった。よって，決算時の処理を行う。

5 月 30 日　確定申告を行い，消費税を普通預金より納付した。

日付	借方科目	金　　額	貸方科目	金　　額
3 /31				
5 /30				

7 株式会社の資本取引

問1 **実教商事(株)における次の取引の仕訳を示しなさい。**

02 年 3 月 31 日　決算にあたり，当期純利益 ¥900,000 を計上した。

02 年 6 月 27 日　株主総会において，繰越利益剰余金を次のとおり処分することとした。

　　　　　　配当金　¥700,000　　利益準備金　¥70,000

02 年 6 月 28 日　配当金を当座預金口座から支払った。

日付	借 方 科 目	金　　額	貸 方 科 目	金　　額
02.3 /31				
02.6 /27				
02.6 /28				

8 伝 票

問1 次の取引を（1）現金取引と振替取引とに分けて処理する方法，（2）いったん全額を掛け取引として処理する方法の2つの方法により，略式の各伝票に記入しなさい。なお，商品売買取引の処理は3分法により行っている。

　7月7日　福岡商事(株)へ商品 ¥50,000 を売り上げ，代金のうち ¥10,000 は現金で受け取り，残額は掛けとした。

（1）

入 金 伝 票	
01年　　月　　日	
科　　目	金　　額

振 替 伝 票			
01年　　月　　日			
科　　目	金　　額	科　　目	金　　額

（2）

入 金 伝 票	
01年　　月　　日	
科　　目	金　　額

振 替 伝 票			
01年　　月　　日			
科　　目	金　　額	科　　目	金　　額

問2 次の各取引の伝票記入について，空欄①から⑤にあてはまる適切な語句または金額を答えなさい。なお，当社では**3伝票制を採用しており，商品売買取引の処理は3分法により行っている。**

（1）商品を¥200,000で仕入れ，代金のうち¥50,000を現金で支払い，残額は掛けとした。

（　　　）伝　票	
科　　目	金　　額
買　掛　金	（　　　　）

振　替　伝　票			
借方科目	金　　額	貸方科目	金　　額
（　①　）	（　　　）	（　　　）	（　②　）

（2）商品を¥300,000で売り上げ，代金は掛けとした。また，顧客負担の送料¥2,000を現金で支払い，「（③）伝票」で掛け代金に含める記録を行った。

（　③　）伝　票	
科　　目	金　　額
（　④　）	（　　　　）

振　替　伝　票			
借方科目	金　　額	貸方科目	金　　額
（　　　）	（　　　）	（　　　）	（　⑤　）

①	②	③	④	⑤

問1 次の勘定記録から，売上原価を計算するための決算整理仕訳を示しなさい。ただし，期末商品棚卸高は ¥12,000 であり，売上原価は売上原価勘定で計算するものとする。（決算日 02 年 3 月 31 日）

繰越商品	仕入
01.4/1 前期繰越 10,000	280,000

借方科目	金　額	貸方科目	金　額

問2 次の取引の仕訳を示しなさい。

（1）決算にさいし，受取手形 ¥350,000 および売掛金 ¥250,000 の期末残高に対して 3％，クレジット売掛金 ¥300,000 に対して 1％の貸倒れを見積もる。ただし，貸倒引当金の残高は ¥23,000 である。

（2）前期に貸倒れとして処理した売掛金の一部 ¥100,000 を現金で回収した。

	借方科目	金　額	貸方科目	金　額
（1）				
（2）				

問3 決算に必要な仕訳を示しなさい。

備品の減価償却を定額法により行う。ただし，会計期間は 01 年 4 月 1 日から 02 年 3 月 31 日までの 1 年であり，記帳は間接法による。

備品：取得原価 ¥360,000　耐用年数 6 年　残存価額ゼロ

なお，備品は 01 年 9 月 1 日に取得したものである。

借 方 科 目	金　　額	貸 方 科 目	金　　額

問4 次の取引の仕訳を示しなさい。

帳簿価額 ¥400,000 の備品を ¥30,000 で売却し，代金は現金で受け取った。なお，備品減価償却累計額勘定の残高は ¥350,000 である。

借 方 科 目	金　　額	貸 方 科 目	金　　額

問5 次の取引の仕訳を示しなさい。

7 年前の期首に取得した車両運搬具（取得原価 ¥2,000,000，残存価額は取得原価の 10%，耐用年数 8 年，決算年 1 回，定額法，間接法で記帳）を，当期の期首に ¥720,000 で売却し，代金は月末に受け取ることにした。

借 方 科 目	金　　額	貸 方 科 目	金　　額

問 6 次の取引の仕訳を示しなさい。

01 年 11 月 1 日　建物を賃貸し，向こう 6 か月分の家賃 ¥300,000 を現金で受け取った。

02 年 3 月 31 日　決算にあたり，上記家賃のうち前受分を計上した。

02 年 4 月 1 日　期首にあたり，前受家賃の再振替を行った。

日付	借 方 科 目	金　額	貸 方 科 目	金　額
01.11/ 1				
02.3 /31				
02.4 / 1				

問 7 次の取引の仕訳を示しなさい。

02 年 3 月 31 日　01 年 11 月 1 日に貸し付けた現金 ¥600,000（元本は 2 年後に回収，利息は利率年 3％で毎年 10 月末に受け取る）について，本日決算にあたり，当期分の利息の未収額を計上した。

02 年 4 月 1 日　期首にあたり，未収利息の再振替を行った。

日付	借 方 科 目	金　額	貸 方 科 目	金　額
02.3 /31				
02.4 / 1				

問 8 次の資料（残高試算表）にもとづき，決算に必要な仕訳を示しなさい。なお，当座預金勘定の残高は全額当座借越によるものである。

残 高 試 算 表

借　　方	勘定科目	貸　　方
	当 座 預 金	3,500

借 方 科 目	金　額	貸 方 科 目	金　額

次の取引の仕訳を示しなさい。

01 年 5 月 11 日　収入印紙 ¥30,000 を購入し，代金は現金で支払った。

02 年 3 月 31 日　決算において，収入印紙の未使用高 ¥4,500 を計上した。

02 年 4 月 1 日　収入印紙の未使用高 ¥4,500 を適切な勘定へ再振替した。

日付	借方科目	金　額	貸方科目	金　額
01.5 /11				
02.3 /31				
02.4 / 1				

問 10 次の残高試算表と決算整理事項によって，決算に必要な仕訳を示しなさい。

残 高 試 算 表

借　　方	勘定科目	貸　　方
	当 座 預 金	2,500
180,000	仮払消費税	
42,000	仮払法人税等	
5,000	通 信 費	
	仮受消費税	240,000

【決算整理事項】

（1）当座預金勘定の残高は全額当座借越によるものである。

（2）未使用の郵便切手が ¥1,500 ある。

（3）納付すべき消費税の額を未払消費税として計上した。

（4）税引前当期純利益について ¥95,000 の法人税等を計上した。

	借 方 科 目	金　額	貸 方 科 目	金　額
（1）				
（2）				
（3）				
（4）				

問 11 実教商事㈱の（1）決算整理前残高試算表と（2）決算整理事項にもとづき，決算整理後残高試算表を作成しなさい。なお，会計期間は 01 年 4 月 1 日から 02 年 3 月 31 日である。

（1）決算整理前残高試算表

残 高 試 算 表

借　　方	勘 定 科 目	貸　　方
794,000	現　　　　　金	
	現 金 過 不 足	5,200
1,100,000	売　　掛　　金	
336,000	繰 越 商 品	
68,000	仮 払 法 人 税 等	
480,000	備　　　　　品	
	買　　掛　　金	628,000
	借　　入　　金	300,000
	貸 倒 引 当 金	2,800
	備品減価償却累計額	160,000
	資　　本　　金	1,000,000
	繰 越 利 益 剰 余 金	260,000
	売　　　　　上	5,780,000
	受 取 手 数 料	40,000
3,940,000	仕　　　　　入	
960,000	給　　　　　料	
480,000	支 払 家 賃	
16,000	租 税 公 課	
2,000	雑　　　　　費	
8,176,000		8,176,000

（2）決算整理事項

1．現金過不足のうち¥5,000 は受取手数料の記帳もれであることが判明したが，残額については原因が不明であるので，適切に処理することにした。

2．期末商品棚卸高は¥360,000 である。

3．売掛金の期末残高に対して2%の貸倒れを見積もる（差額補充法による）。

4．備品について定額法により減価償却を行う。ただし，耐用年数8年，残存価額ゼロとする。

5．家賃の前払額が¥60,000 ある。

6．利息の未払額が¥5,000 ある。

7．収入印紙の未使用額が¥1,600 ある。

8．法人税、住民税及び事業税が¥148,000 と計算されたので，仮払法人税等との差額を未払法人税等として計上する。

決算整理後残高試算表

02 年 3 月 31 日

借　　方	勘 定 科 目	貸　　方
	現　　　　　　金	
	売　　掛　　金	
	繰　越　商　品	
	備　　　　　品	
	買　　掛　　金	
	借　　入　　金	
	貸　倒　引　当　金	
	備品減価償却累計額	
	資　　本　　金	
	繰 越 利 益 剰 余 金	
	売　　　　　上	
	受　取　手　数　料	
	仕　　　　　入	
	給　　　　　料	
	支　払　家　賃	
	租　税　公　課	
	雑　　　　　費	
	雑　　　　　益	
	貸 倒 引 当 金 繰 入	
	減　価　償　却　費	
	前　払　家　賃	
	支　払　利　息	
	未　払　利　息	
	貯　　蔵　　品	
	法人税、住民税及び事業税	
	未 払 法 人 税 等	

第 5 章 発 展

1 仕訳問題

下記の各取引について仕訳を示しなさい。商品売買の記帳は，特に指示のない限り3分法によるものとする。

問1 現金・預金取引

1−1. 4月10日，実教銀行に外貨預金として現金 1,500 ドルを預け入れた。なお，本日の為替レートは 1 ドル 108 円であった。

1−2. 4月21日，実教銀行の外貨預金口座から現金 500 ドルを引き出し，円で受け取った。なお，本日の為替レートは 1 ドル 110 円であった。

2. (株)川口旅行社は，決算日における外貨預金の残高が 20,000 ドル（帳簿価額 2,200,000 円）であったので換算を行った。なお，決算日における為替レートは 1 ドルあたり 115 円である。

3. 栃木商事(株)の決算日における外貨預金の残高は 3,500 ドル（帳簿価額 385,000 円）であったので換算を行った。なお，決算日における為替レートは 1 ドルあたり 108 円である。

	借 方 科 目	金 額	貸 方 科 目	金 額
1−1				
1−2				
2				
3				

問2 商品売買取引

1. 大阪商事(株)は，京都商事(株)に売り渡した商品に対して，¥4,000 の値引を行った。なお，掛け代金より差し引くこととする。

2. 静岡商事(株)は，山梨商事(株)から商品を掛けで仕入れているが，一部が破損していたため ¥6,500 の値引を受けた。

	借方科目	金　額	貸方科目	金　額
1				
2				

1．広島商事(株)から商品 ¥430,000 を仕入れ，代金のうち ¥250,000 は，松江商事(株)振出し，当社受取りの約束手形を裏書譲渡し，残額は掛けとした。

2．山形商事(株)は，仙台商事(株)から受け取っていた約束手形を取引銀行で割り引き，割引料 ¥4,000 を差し引かれた残額 ¥396,000 を当座預金に預け入れた。

3．前橋商事(株)は，自社が振り出した約束手形 ¥1,000,000 について，資金不足のため満期日に決済できる目途が立たないため，手形所持人である高崎商事(株)の了解を得て満期日を3か月先にした新しい手形を振り出し旧手形と交換した。このさい，延長期間である3か月分に対応する利息 ¥5,000 を現金で支払った。

4．桐生商事(株)は，所有の約束手形 ¥800,000 について，振出人太田商事(株)が資金不足のため満期日に決済できる目途が立たないため，満期日を3か月先にした新しい手形を受け取り旧手形と交換した。このさい，延長期間である3か月分に対応する利息 ¥4,000 は新しい手形に含めて処理した。

5．横浜商事(株)から商品の売上代金として裏書譲渡された川崎商事(株)振出しの約束手形 ¥200,000 が不渡りとなったので，横浜商事に償還請求した。なお，償還請求に要した諸費用 ¥2,000 は現金で支払った。

6．(株)札幌工業が倒産し，前期に発生した同社に対する不渡手形 ¥600,000 が全額回収不能となった。なお，この不渡手形に設定されていた貸倒引当金の残高は ¥500,000 である。

7．備品 ¥700,000 を購入し，据付費 ¥89,000 とあわせて，約束手形を振り出して支払った。

8．01年4月1日に ¥600,000 で購入していた備品を，05年3月31日に ¥400,000 で売却し，代金は買手振出しの約束手形で受け取った。ただし，減価償却費は耐用年数8年，残存価額ゼロ，定額法により計算し，記帳法は間接法とする（決算年1回　3月31日）。なお，当期分の減価償却費は計上済みである。

	借方科目	金　額	貸方科目	金　額
1				
2				
3				
4				
5				
6				
7				
8				

問4 有価証券取引

1．決算日において，当期に取得した福島工業(株)の株式（売買目的有価証券）の取得価額は ¥20,000，決算時における時価は ¥21,600 であった。決算時において必要な仕訳を示しなさい。なお，有価証券の評価・売買に関して生じる損益は一括して有価証券運用損益として処理しているものとする（以下同様）。

2．上記1において，決算時における時価は ¥19,700 であった。決算時において必要な仕訳を示しなさい。

	借方科目	金　額	貸方科目	金　額
1				
2				

問5 有形固定資産取引

1. (株)山梨建設に倉庫の建設を依頼し，請負価額 ¥8,000,000 の一部 ¥5,000,000 を小切手を振り出して支払った。
2. 上記倉庫が完成し，引渡しを受け，ただちに使用を開始した。なお，残額は小切手を振り出して支払った。
3. 商品販売業を営んでいる当社は，賃貸目的で建物 ¥18,000,000 を取得し，代金は約束手形を振り出して支払った。

	借 方 科 目	金 額	貸 方 科 目	金 額
1				
2				
3				

問6 株式会社の資本取引

1. 香川商事(株)は，会社設立にさいし，株式 2,000 株を 1 株あたり ¥45,000 で発行し，全額の払込みを受け，払込金は当座預金に預け入れた。払込金額のうち 1 株につき ¥20,000 は資本金として計上しないことにした。なお，会社設立のための諸費用 ¥450,000 は小切手を振り出して支払い，会社設立時の費用とした。
2. 徳島商事(株)は，新規設備投資のため，株式 600 株を 1 株あたり ¥60,000 で発行し，全額の払込みを受け，払込金は当座預金に預け入れた。資本金組入額は会社法規定の最低限とする。また，株式の発行に要した諸費用 ¥250,000 は小切手を振り出して支払った。
3. 高知建設(株)は，設立から営業開始までにかかった費用 ¥500,000 を現金で支払った。

	借 方 科 目	金 額	貸 方 科 目	金 額
1				
2				
3				

問7 決算整理

1. 期末商品棚卸高の内訳は次のとおりである。

　　　帳簿棚卸数量　300個　　　原　　　　価　@¥150

　　　実地棚卸数量　290個　　　正味売却価額　@¥145

　商品評価損・棚卸減耗費とも販売費及び一般管理費に計上する。

2. 次期における建物の修繕に対する支出額のうち当期負担分 ¥400,000 を見積もり計上した。

3. 決算において，翌期に支払われる賞与のうち，当期負担分 ¥500,000 を見積もり計上した。

4. 決算にさいし，無料修理の保証付き商品の当期売上高 ¥800,000 に対して1%の補償費用を見積もり計上した。

	借方科目	金　額	貸方科目	金　額
1				
2				
3				
4				

問8 本支店会計

1. 本店は，商品 ¥120,000 を支店に発送した。

2. 本店は，支店の千葉商店に対する買掛金 ¥50,000 を現金で支払った。

3. 支店は，本店の広告費 ¥80,000 を現金で立替払いした。

		借方科目	金　額	貸方科目	金　額
1	本店				
	支店				
2	本店				
	支店				
3	本店				
	支店				

2 本支店会計

問1 石川商事㈱（会計期間は01年4月1日から02年3月31日までの1年間）の残高試算表と決算整理事項は，次のとおりであった。よって，本支店合併の損益計算書を作成しなさい。また，本支店合併後の商品（繰越商品），備品の帳簿価額および繰越利益剰余金の金額を求めなさい。

残 高 試 算 表

02 年 3 月 31 日　　　　　　　　　　　　　　　　（単位：円）

借　　　方	本　　店	支　　店	貸　　　方	本　　店	支　　店
現　　　　　金	348,000	190,000	支 払 手 形	446,000	284,000
当 座 預 金	684,000	494,000	買　掛　金	504,000	406,000
売　　掛　　金	1,192,000	708,000	借　入　金	1,200,000	720,000
売買目的有価証券	560,000		貸 倒 引 当 金	30,000	16,000
繰　越　商　品	926,000	624,000	備品減価償却累計額	480,000	252,000
備　　　　　品	1,200,000	840,000	本　　　　店		582,000
支　　　　　店	582,000		資　本　金	2,000,000	
仕　　　　　入	4,734,000	3,090,000	資 本 準 備 金	400,000	
給　　　　　料	632,000	504,000	利 益 準 備 金	60,000	
支 払 家 賃	1,176,000	456,000	繰越利益剰余金	320,000	
消 耗 品 費	438,000	274,000	売　　　　上	6,852,000	4,752,000
支 払 利 息	36,000	24,000	受 取 手 数 料	216,000	192,000
	12,508,000	7,204,000		12,508,000	7,204,000

決算整理事項

1．期末商品棚卸高

	本店	支店		本店	支店
帳簿数量	1,000 個	700 個	単 位 あ た り 原 価	¥860	¥800
実地数量	930 個	640 個	単位あたり正味売却価額	¥800	¥800

なお，棚卸減耗費と商品評価損は，全額を売上原価に算入し，売上原価の内訳科目とする。

2．売掛金の期末残高について3％の貸倒れを見積もる。差額補充法により処理する。

3．売買目的で保有している有価証券の期末時価は¥592,000である。

4．備品について，本支店ともに定額法により減価償却を行う。

残存価額　取得原価の10％　　耐用年数　9年

5．消耗品の未使用高　　　本店　¥ 48,000　　支店　¥ 30,000

6．家 賃 の 前 払 高　　　本店　¥196,000　　支店　¥114,000

7．利 息 の 未 払 高　　　本店　¥ 12,000　　支店　¥ 6,000

8．手 数 料 の 前 受 高　　　本店　¥ 54,000　　支店　¥ 32,000

損 益 計 算 書

石川商事(株)　　　　01年4月1日から02年3月31日まで　　　　（単位：円）

費　　用	金　　額	収　　益	金　　額
（　　）商品棚卸高		当期商品売上高	
当期商品純仕入高		（　　）商品棚卸高	
棚 卸 減 耗 費			
商 品 評 価 損			
（　　　　　　）			
給　　　　料		売 上 総 利 益	
支 払 家 賃		受 取 手 数 料	
（　　　　　　）		有価証券運用益	
（　　　　　　）			
消 耗 品 費			
支 払 利 息			
（　　　　　　）			

本支店合併後の商品（繰越商品）	¥
本支店合併後の備品の帳簿価額	¥
本支店合併後の繰越利益剰余金	¥

第6章 資格試験対策

1 全経3級対策（基本問題）

仕 訳

問1 下記の各取引について仕訳を示しなさい。商品売買の記帳は，特に指示のない限り3分法によるものとする。なお（　　）内は項目内容である。

1. 北海道商事(株)への広告費 ¥80,000 の支払いにあたり，先に東京商事(株)へ商品を販売したときに受け取った東京商事振出しの小切手 ¥80,000 をそのまま譲渡した。（現金・預金取引）

2. 新潟商事(株)から掛けで仕入れた商品 20 個（単価 ¥1,000）のうち 3 個について品違いがあったため返品した。（商品売買取引）

3. 仕入先群馬商事(株)に対する買掛金 ¥120,000 の支払いのため，同社宛の約束手形を振り出して渡した。（掛け取引・手形取引）

4. A 商品（1 個あたり ¥3,200）の販売に先立ち，得意先山梨商事(株)より 70 個の予約注文を受け，商品代金全額を予約金として同社振出しの小切手で受け取った。（その他の債権・債務の取引）

5. 当座の営業資金として，取引銀行より ¥3,000,000 を借り入れ，その資金が普通預金口座に入金された。（その他の債権・債務の取引）

6. 滋賀商事(株)に現金 ¥2,000,000 を貸し付け，借用証書の代用として同社振出しの約束手形を受け取った。（その他の債権・債務の取引）

7. 従業員への給料 ¥770,000 の支払いにさいして，所得税の源泉徴収額 ¥53,000 を差し引き，普通預金口座から口座振込で支払った。（その他の債権・債務の取引）

8. 従業員の出張にさいし，必要な費用の概算額として現金 ¥90,000 を渡した。（その他の債権・債務の取引）

9. 従業員の出張にさいして，旅費の概算額として現金 ¥70,000 を渡していたが，本日，帰社し旅費として ¥62,000 支払ったむねの報告を受け，現金 ¥8,000 を受け取った。（その他の債権・債務の取引）

10. 仕入先熊谷商事(株)に B 商品 30 個（原価@¥15,000）を発注し，その手付けとして現金 ¥80,000 を支払った。（その他の債権・債務の取引）

	借方科目	金　額	貸方科目	金　額
1				
2				
3				
4				
5				
6				
7				
8				
9				
10				

問2 下記の各取引について仕訳を示しなさい。商品売買の記帳は，特に指示のない限り3分法によるものとする。なお，（　　　）内は項目内容である。

1. 商品配達用の車両¥2,200,000を購入し，その代金は月末に支払うこととした。（有形固定資産取引）

2. 固定資産税¥121,000が普通預金口座より引き落とされた。（株式会社の税金）

3. 青森商事(株)からB商品¥242,000（うち，消費税額¥22,000）を仕入れ，代金のうち¥150,000はすでに支払済みの手付金を充当し，残額は掛けとした。なお，消費税を税抜方式で処理する。（株式会社の税金）

4. 秋田商事(株)にF商品¥594,000（うち，消費税額¥54,000）を販売し，代金のうち¥330,000は秋田商事振出しの約束手形で受け取り，残額は掛けとした。なお，消費税を税抜方式で処理する。（株式会社の税金）

5. 株式会社設立にさいし，株式500株を1株につき¥15,000で発行し，全額が当座預金口座に振り込まれた。（株式会社の資本取引）

6. 沖縄商事(株)の当期の決算において，当期純利益が¥630,000と算定された。（帳簿の締切り）

7. 長崎商事(株)の当期の決算において，当期純損失が¥370,000と算定された。（帳簿の締切り）

8. 土佐商事(株)の株式を¥950,000で購入し，その代金は証券会社に対する購入手数料¥5,000とともに当社の普通預金口座から支払った。（有価証券取引）

9. 保有している香川商事(株)の株式（帳簿価額¥640,000）を¥515,000で売却し，その代金は当社の普通預金口座に振り込まれた。（有価証券取引）

10. 当期に生じた石川商事(株)に対する売掛金¥230,000が回収不能となり，全額貸倒処理を行った。（決算整理）

11. 前期に生じた福島商事(株)に対する売掛金¥198,000が回収不能となり，全額貸倒引当金で充当する処理を行った。（決算整理）

12. 長野商事(株)にA商品10個を@¥700で売り渡し，代金は掛けとした。なお，当社の商品売買に関する記帳は売上原価対立法を採用しており，A商品は山梨商事(株)から@¥400で仕入れたものである。（商品売買取引）

13. 長野商事(株)に販売した上記商品のうち1個が汚損のため返品された。なお，代金は同社に対する売掛金から差し引いた。（商品売買取引）

14. 深谷商事(株)にC商品200個（原価@¥400，売価@¥600）を販売し，代金のうち¥90,000は深谷商事振出しの小切手で受け取り，残額は掛けとした。ただし，当社は商品売買に関して，販売のつど売上原価勘定に振り替える方法で記帳している。（商品売買取引）

	借方科目	金額	貸方科目	金額
1				
2				
3				
4				
5				
6				
7				
8				
9				
10				
11				
12				
13				
14				

問3 次の資料によって，期首純資産（期首資本）・当期純利益・期末純資産（期末資本）・期末負債の各金額を計算しなさい。なお，当期中に損益取引以外の取引により生じた純資産の変動はないものとする。

期首貸借対照表

資　　産	25,000	負　　債	15,500
		純資産（資本）	（　ア　）
	25,000		25,000

損　益　計　算　書

費　　用	18,500	収　　益	19,300
当　期　純　利　益	（　イ　）		
	19,300		19,300

期末貸借対照表

資　　産	26,000	負　　債	（　ウ　）
		純資産（資本）	（　エ　）
	26,000		26,000

（ア）	¥	（イ）	¥	（ウ）	¥	（エ）	¥

問4 次の（ア）～（ウ）にあてはまる金額を計算しなさい。なお，当期中に損益取引以外の取引により生じた純資産の変動はないものとする。

（単位：円）

期首純資産 （期首資本）	期末資産	期末負債	期末純資産 （期末資本）	総収益	総費用	当期純利益
（　ア　）	12,500	7,520	（　イ　）	（　ウ　）	6,240	1,170

（ア）	￥	（イ）	￥	（ウ）	￥

問5 次の①の場合の（ア）と（イ），②の場合の（ウ）と（エ）にあてはまる金額を計算しなさい。なお②については，損益取引以外の取引により生じた純資産の変動はないものとする。

（単位：円）

	期首商品棚卸高	純仕入高	期末商品棚卸高	売上原価	純売上高	売上総利益
①	390,000	7,510,000	（　ア　）	7,500,000	10,610,000	（　イ　）
	期首資産	期首負債	期末純資産	総収益	総費用	当期純利益
②	40,690,000	（　ウ　）	31,507,000	14,320,000	（　エ　）	1,060,000

（ア）	期末商品棚卸高	￥
（イ）	売 上 総 利 益	￥
（ウ）	期 首 負 債	￥
（エ）	総 費 用	￥

次の①の場合の（ア）と（イ），②の場合の（ウ）と（エ）にあてはまる金額を計算しなさい。なお②については，損益取引以外の取引により生じた純資産の変動はないものとする。

（単位：円）

	期首商品棚卸高	純仕入高	期末商品棚卸高	売上原価	純売上高	売上総利益
①	450,000	8,130,000	470,000	（　ア　）	12,610,000	（　イ　）
	期首資産	期首負債	期末純資産	総収益	総費用	当期純利益
②	（　ウ　）	12,930,000	28,970,000	13,690,000	12,790,000	（　エ　）

（ア）	売　上　原　価	¥
（イ）	売　上　総　利　益	¥
（ウ）	期　首　資　産	¥
（エ）	当　期　純　利　益	¥

問 7 次の資料によって，（ア）期首純資産（期首資本），（イ）売上原価，（ウ）売上総利益，（エ）当期純利益の各金額を計算しなさい。損益取引以外の取引により生じた純資産の変動はないものとする。

① 期　　首：資産　　¥35,300　（うち，商品　¥1,600）
　　　　　　　負債　　¥18,000
② 期　　末：資産　　¥42,700　（うち，商品　¥2,100）
　　　　　　　負債　　¥24,300
③ 純売上高：　　　　¥27,500
④ 純仕入高：　　　　¥20,300
⑤ 商品売買以外に関する収益と費用：雑　収　入　¥　300
　　　　　　　　　　　　　　　　　　営　業　費　¥6,900

（ア）	期首純資産（期首資本）	¥
（イ）	売　上　原　価	¥
（ウ）	売　上　総　利　益	¥
（エ）	当　期　純　利　益	¥

問8 次の取引を小口現金出納帳に記入して締め切りなさい。なお，用度係は，定額資金前渡制（インプレスト・システム）により毎週金曜日の終業時にその週の支払いを報告し，資金の補給を受けている。

	6 月 2 日(月)	プリンター用紙代	¥2,600
	3 日(火)	接客用菓子代	¥5,180
	4 日(水)	タクシー代	¥7,200
	5 日(木)	郵便切手代	¥9,400
	6 日(金)	ファイル代	¥3,240

小口現金出納帳

受 入	01年		摘　　要	支　払	内　訳				残　高
					通 信 費	交 通 費	消耗品費	雑　　費	
30,000	6	2	前 週 繰 越						30,000
			合　　　　計						
		6	本 日 補 給						
		〃	**次 週 繰 越**						
	6	9	前 週 繰 越						

問9 次の取引を小口現金出納帳に記入し，月末における締切りと小切手振出しによる資金補給に関する記入を行いなさい。なお，定額資金前渡制により，用度係は毎月末にその月の支払報告をし，同日に小口現金の補給を受けている。

7月3日	郵便はがき	¥5,700	21日	飲料代	¥3,450
8日	ボールペン	¥2,850	27日	新聞料金，雑誌	¥9,600
12日	タクシー代	¥11,400	31日	補給（小切手＃7）	
17日	電話料金	¥8,850			

小口現金出納帳

受　入	01年		摘　　要	支　払	内　　訳				残　高
					通信費	交通費	消耗品費	雑　費	
50,000	7	1	前月繰越						50,000
			合　　計						
		31	本日補給						
		〃	次月繰越						
	8	1	前月繰越						

問 10 次の取引を仕入帳および仕入先（買掛金）元帳へ記入しなさい。なお，仕入先（買掛金）元帳は月末に締め切ること。

3 月 3 日　大阪商事(株)から A 商品 300 個を単価 ¥350 で仕入れ，代金は掛けとした。

8 日　大阪商事に対する買掛金の支払いのために，小切手 ¥120,000 を振り出して支払った。

仕　入　帳

日付	摘　　要	金　　額

仕入先（買掛金）元帳

大阪商事(株)

日付	摘　要	借　方	貸　方	借／貸	残　高
3 1	前 月 繰 越		80,000	貸	80,000
31	次 月 繰 越				
4 1	前 月 繰 越				

問 11 次の取引を売上帳および得意先（売掛金）元帳へ記入しなさい。なお，得意先（売掛金）元帳は月末に締め切ること。

8 月 5 日　東京商事(株)へB商品400個を単価¥500で売り渡し，代金は掛けとした。

　　　9 日　東京商事に対する売掛金のうち，¥250,000を同社振出しの小切手で受け取った。

売　上　帳

日付	摘　　要	金　額

得意先（売掛金）元帳

東京商事(株)

日付		摘　要	借　方	貸　方	借/貸	残　高
8	1	前 月 繰 越	100,000		借	100,000
	31	次 月 繰 越				
9	1	前 月 繰 越				

問12 次の取引を，当座預金出納帳・売上帳および得意先（売掛金）元帳へ記入しなさい。なお，各帳簿とも締め切る必要はない。

11月 4 日　群馬商事(株)にC商品50個を単価¥800で売り渡し，代金は掛けとした。

　　 12 日　栃木商事(株)に対する売掛金のうち，¥30,000を同社振出しの小切手で受け取り，ただちに当座預金へ預け入れた。

　　 25 日　福島不動産へ今月分の家賃¥50,000を小切手を振り出して支払った。

当座預金出納帳

日付	摘　　要	借　　方	貸　　方	借/貸	残　　高
11　1	前　月　繰　越	200,000		借	200,000

売　　上　　帳

日付	摘　　要	金　　額

得意先（売掛金）元帳

群馬商事(株)

日付	摘　　要	借　　方	貸　　方	借/貸	残　　高
11　1	前　月　繰　越	10,000		借	10,000

栃木商事(株)

日付	摘　　要	借　　方	貸　　方	借/貸	残　　高
11　1	前　月　繰　越	90,000		借	90,000

問 13 次の D 商品に関する取引につき，先入先出法によって商品有高帳に記入しなさい。なお，締め切る必要はない。

5 月 4 日　広島商事(株)に D 商品 700 個を @¥650 で売り渡した。

　　 8 日　島根商事(株)から D 商品 600 個を @¥460 で仕入れた。

　　20 日　香川商事(株)に D 商品 540 個を @¥630 で売り渡した。

　　22 日　島根商事(株)から D 商品 500 個を @¥480 で仕入れた。

商 品 有 高 帳

先入先出法　　　　　　　　　　D 商 品　　　　　　　　　　　（単位：円）

01年		摘　要	受　入			払　出			残　高		
			数量	単価	金　額	数量	単価	金　額	数量	単価	金　額
5	1	前 月 繰 越	840	450	378,000				840	450	378,000
	4	広 島 商 事				700	450	315,000	140	450	63,000
	8	島 根 商 事	600	460	276,000				140	450	63,000
									600	460	276,000
	20	香 川 商 事				140	450	63,000			
						400	460	184,000	200	460	92,000
	22	島 根 商 事	500	480	240,000				200	460	92,000
									500	480	240,000

問 14 次の E 商品の仕入れと払出しの記録にもとづいて，商品有高帳に記入するとともに，当月の商品販売益（粗利）を計算しなさい。なお，商品の払出単価の決定は先入先出法によっており，商品有高帳は月末に締め切ること。

7 月 3 日　秋田商事(株)から E 商品 400 個を @¥120 で仕入れた。

　　 6 日　宮城商事(株)に E 商品 400 個を @¥220 で売り渡した。

　　13 日　福島商事(株)から E 商品 200 個を @¥120 で仕入れた。

　　20 日　青森商事(株)から E 商品 200 個を @¥125 で仕入れた。

　　24 日　岩手商事(株)に E 商品 400 個を @¥250 で売り渡した。

商 品 有 高 帳

先入先出法　　　　　　　　　　　　　E 商 品　　　　　　　　　　　（単位：円）

01年		摘　要	受　入			払　出			残　高		
			数量	単価	金　額	数量	単価	金　額	数量	単価	金　額
7	1	前 月 繰 越	100	110	11,000				100	110	11,000
	31	次 月 繰 越									
8	1	前 月 繰 越									

商品販売益（粗利）　¥ _____

問 15 次の各種伝票の記入を各勘定口座（T フォーム）の空欄に転記しなさい。なお，口座の（　　）には相手勘定，［　　］には金額を記入すること。

入 金 伝 票 　No. 8	承認印	西	主帳印	会計印	南	係印	東
01 年 10 月 5 日							

科目	売 掛 金	入金先	青森商事（株）　　　　　殿

摘　　　　要	金　　額
売掛金の回収	7 2 0 0 0 0
合　　　　計	¥ 7 2 0 0 0 0

出 金 伝 票 　No. 18	承認印	西	主帳印	会計印	南	係印	東
01 年 10 月 14 日							

科目	備 　　品	支払先	北海道商事（株）　　　　殿

摘　　　　要	金　　額
レジスター購入代金の支払い	3 4 0 0 0 0
合　　　　計	¥ 3 4 0 0 0 0

振 替 伝 票 　No. 42	承認印	西	主帳印	係印	東
01 年 10 月 22 日					

金　　額	借方科目	摘　要	貸方科目	金　　額
1 7 0 0 0 0	買 掛 金	小切手の振出し	当座預金	1 7 0 0 0 0
¥ 1 7 0 0 0 0		合　　　計		¥ 1 7 0 0 0 0

〈　〉の番号は伝票の No. を示す。

現　　　　金

10/ 5　（　　　　　　　）〈8〉[　　　　　　]	10/14　（　　　　　　）〈18〉[　　　　　]

売　　掛　　金

	10/ 5　（　　　　　　）〈8〉[　　　　　]

当　座　預　金

	10/22　（　　　　　　）〈42〉[　　　　　]

買　　掛　　金

10/22　（　　　　　　）〈42〉[　　　　]	

備　　　　品

10/14　（　　　　　　）〈18〉[　　　　]	

問 16 次の各種伝票の記入を各勘定口座（T フォーム）の空欄に転記しなさい。なお，口座の（　　）には相手勘定，[　　]には金額を記入すること。

入 金 伝 票　　No. 9										
01 年 1 月 10 日		承認印 ㊆	主帳印		会計印 ㊇		係印 ㊟			
科目	売　掛　金	入金先	千葉商事(株)					殿		
摘　　　　要				金　　　額						
売掛金の回収						4 4 0 0 0 0				
合　　　　計				￥		4 4 0 0 0 0				

出 金 伝 票　　No. 19										
01 年 1 月 15 日		承認印 ㊆	主帳印		会計印 ㊇		係印 ㊟			
科目	前　払　金	支払先	神奈川商事(株)					殿		
摘　　　　要				金　　　額						
C 商品発注時の内金の支払い						3 0 0 0 0 0				
合　　　　計				￥		3 0 0 0 0 0				

振　替　伝　票　　No. 44								
01 年 1 月 18 日					承認印 ㊆	主帳印	係印 ㊟	
金　　　額	借方科目	摘　　要	貸方科目	金　　　額				
8 5 0 0 0 0	仕　　入	神奈川商事(株)	前 払 金		3 0 0 0 0 0			
		C 商品の仕入れ	買 掛 金		5 5 0 0 0 0			
￥ 8 5 0 0 0 0		合　　　　　　計		￥ 8 5 0 0 0 0				

〈　〉の番号は伝票の No. を示す。

現　　　金

1 /10　（　　　　　）〈 9 〉[　　　　]	1 /15　（　　　　　）〈19〉[　　　　]

売　　掛　　金

	1 /10　（　　　　　）〈 9 〉[　　　　]

前　　払　　金

1 /15　（　　　　　）〈19〉[　　　　]	1 /18　（　　　　　）〈44〉[　　　　]

買　　掛　　金

	1 /18　（　　　　　）〈44〉[　　　　]

仕　　　入

1 /18　（　　　　　）〈44〉[　　　　]	

問 17 決算にあたって修正すべき次の事項（決算整理事項）にもとづいて，埼玉商事(株)(会計期間は 01 年 4 月 1 日～ 02 年 3 月 31 日）の精算表を完成しなさい。

決算整理事項

1．期末商品棚卸高　¥910,000

2．貸 倒 引 当 金　売掛金残高の 2.0 ％の貸倒れを見積もる。差額補充法により処理すること。

3．備 品 減 価 償 却　備品は前期期首に ¥720,000 で購入し，ただちに使用に供したものである。減価償却方法は定額法により，その記帳方法は，直接法により記帳している。耐用年数は 5 年，残存価額はゼロと見積もられる。

4．現金過不足の残高は，原因不明につき雑益とする。

5．消耗品の未使用高　¥ 12,000

6．給 料 の 未 払 高　¥494,000

7．家 賃 の 前 払 高　¥150,000

<h1 style="text-align:center">精　算　表</h1>

勘定科目	残 高 試 算 表 借 方	残 高 試 算 表 貸 方	整 理 記 入 借 方	整 理 記 入 貸 方	損 益 計 算 書 借 方	損 益 計 算 書 貸 方	貸 借 対 照 表 借 方	貸 借 対 照 表 貸 方
現　　　金	315,000							
現 金 過 不 足		3,000						
当 座 預 金	3,924,000							
売　掛　金	2,000,000							
貸 倒 引 当 金		25,000						
繰 越 商 品	360,000							
貸　付　金	1,000,000							
備　　　品	576,000							
買　掛　金		1,550,000						
借　入　金		1,250,000						
資　本　金		4,000,000						
繰越利益剰余金		1,000,000						
売　　　上		22,550,000						
受 取 利 息		22,000						
仕　　　入	14,500,000							
給　　　料	6,175,000							
交　通　費	220,000							
通　信　費	125,000							
消 耗 品 費	50,000							
支 払 家 賃	975,000							
水 道 光 熱 費	115,000							
租 税 公 課	25,000							
支 払 利 息	40,000							
	30,400,000	30,400,000						
貸倒引当金繰入								
減 価 償 却 費								
雑　　　益								
消　耗　品								
未 払 給 料								
前 払 家 賃								
当 期 純 利 益								

問 18 千葉商事（株）（会計期間は 01 年 4 月 1 日〜02 年 3 月 31 日）の決算整理事項によって精算表を完成させなさい。

決算整理事項

1. 期末商品棚卸高　¥200,000
2. 貸倒引当金　売掛金残高の 1.0％の貸倒れを見積もる。差額補充法により処理すること。
3. 備品減価償却　備品は、耐用年数 8 年、残存価額はゼロとし、定額法により減価償却を行っている。また、直接法により記帳している。
   なお、この備品は当期首に購入しただちに使用している。
4. 現金過不足の残高は、原因不明につき雑損とする。
5. 消耗品の未使用高　¥　4,000
6. 広告費の未払高　¥　53,000
7. 保険料の前払高　¥100,000

精　算　表

勘定科目	残高試算表 借方	残高試算表 貸方	整理記入 借方	整理記入 貸方	損益計算書 借方	損益計算書 貸方	貸借対照表 借方	貸借対照表 貸方
現　　　金	990,000							
現 金 過 不 足	5,000							
当 座 預 金	3,914,000							
売　掛　金	3,500,000							
貸 倒 引 当 金		25,000						
繰 越 商 品	250,000							
貸　付　金	750,000							
備　　　品	3,000,000							
買　掛　金		2,100,000						
借　入　金		2,500,000						
資　本　金		5,000,000						
繰越利益剰余金		2,000,000						
売　　　上		12,800,000						
受 取 利 息		30,000						
仕　　　入	8,650,000							
給　　　料	1,300,000							
広　告　費	370,000							
通　信　費	140,000							
消 耗 品 費	44,000							
保　険　料	1,300,000							
水 道 光 熱 費	180,000							
租 税 公 課	40,000							
支 払 利 息	22,000							
	24,455,000	24,455,000						
貸倒引当金繰入								
減 価 償 却 費								
雑　　　損								
消　耗　品								
未 払 広 告 費								
前 払 保 険 料								
当 期 純 利 益								

仕　訳

問1 下記の各取引について仕訳を示しなさい。**商品売買の記帳は，特に指示のない限り3分法**によるものとする。なお（　　　）内は項目内容である。

1. 現金の帳簿残高が実際有高より¥5,000 少なかったので現金過不足として処理していたが，決算日において，受取手数料¥7,500 と旅費交通費¥3,500 の記入もれが判明した。残額は原因が不明であったので，雑益または雑損として処理する。（現金・預金取引）

2. クレジット払いの条件で販売した商品¥400,000 につき，クレジット会社から4％の手数料を差し引いた手取額が当社の当座預金口座に入金された。なお，クレジット会社への手数料は入金時に認識する。（掛け取引）

3. 大阪商事(株)は，和歌山商事(株)に対する売掛金¥300,000 について，同店の承諾を得て，電子債権記録機関に電子記録債権の発生記録の請求を行った。（手形取引）

4. 得意先新潟商事(株)に商品¥357,000 を売り上げ，代金については注文時に同社から受け取った手付金¥35,000 と相殺し，残額を掛けとした。（その他の債権・債務の取引）

5. 岐阜商事(株)に¥250,000 を貸し付け，同額の約束手形を受け取り，利息¥1,500 を差し引いた残額を当社の普通預金口座から岐阜商事(株)の普通預金口座へ振り込んだ。（その他の債権・債務の取引）

6. 借入金（元利均等返済）の今月返済分の元本¥100,000 および利息（各自計算）が普通預金口座から引き落とされた。利息の引落額は未返済の元本¥1,000,000 に利率年3.65％を適用し，30日分の日割計算（1年を365日とする）した額である。（その他の債権・債務の取引）

7. 従業員が出張から帰社し，旅費の精算を行ったところ，あらかじめ概算額で仮払いしていた¥40,000 では足りず，不足額¥12,000 を従業員が立替払いしていた。なお，この不足額は次の給料支払時に従業員へ支払うため，未払金として計上した。（その他の債権・債務の取引）

8. 新店舗を開設する目的で，土地300㎡ を，1㎡ あたり¥75,000 で購入した。購入手数料¥300,000 は普通預金口座から仲介業者に支払い，土地代金は月末に支払うことにした。（有形固定資産取引）

9. 建物の改築と修繕を行い，代金¥4,000,000 を普通預金口座から支払った。うち建物の資産価値を高める支出額（資本的支出）は¥3,100,000 であり，建物の現状を維持するための支出額（収益的支出）は，¥900,000 である。（有形固定資産取引）

10. 収入印紙¥9,000 を購入し，代金は現金で支払った。なお，この収入印紙はただちに使用した。（株式会社の税金）

11. 建物および土地の固定資産税¥230,000 の納付書を受け取り，未払金に計上することなく，ただちに当座預金口座から振り込んで納付した。（株式会社の税金）

12. 収入印紙 ¥20,000, 郵便切手 ¥2,000 を購入し, いずれも費用として処理していたが, 決算日に収入印紙 ¥5,000, 郵便切手 ¥300 が未使用であることが判明したため, これらを貯蔵品勘定に振り替えることとした。(決算整理)

	借 方 科 目	金 額	貸 方 科 目	金 額
1				
2				
3				
4				
5				
6				
7				
8				
9				
10				
11				
12				

問2 次の［資料1］および［資料2］にもとづいて，01年6月30日の残高試算表を作成しなさい。

［資料1］　01年5月31日の残高試算表

残 高 試 算 表
01年5月31日

借　　方	勘 定 科 目	貸　　方
172,000	現　　　　　金	
679,500	当 座 預 金	
325,000	受 取 手 形	
390,000	クレジット売掛金	
37,500	前　　払　　金	
180,000	繰 越 商 品	
150,000	貸　　付　　金	
300,000	備　　　　　品	
100,000	差 入 保 証 金	
	支 払 手 形	188,000
	買　　掛　　金	264,500
	所 得 税 預 り 金	10,000
	貸 倒 引 当 金	20,000
	備品減価償却累計額	90,000
	資　　本　　金	750,000
	繰 越 利 益 剰 余 金	484,000
	売　　　　　上	3,800,000
1,650,000	仕　　　　　入	
800,000	給　　　　　料	
215,000	水 道 光 熱 費	
500,000	支 払 家 賃	
64,500	支 払 手 数 料	
43,000	消 耗 品 費	
5,606,500		5,606,500

［資料2］　01年6月中の取引

1 日　貸付金¥150,000の満期日になり，元利合計が当座預金口座に振り込まれた。なお，貸付利率は年4％，貸付期間は3か月であり，利息は月割計算する。

2 日　商品¥120,000を仕入れ，代金のうち¥37,500は注文時に支払った手付金と相殺し，残額は掛けとした。

3 日　商品¥300,000をクレジット払いの条件で販売するとともに，信販会社への手数料（販売代金の4％）を計上した。

4 日　買掛金¥90,000の支払いとして，同額の約束手形を振り出した。

7 日　先月の給料にかかる所得税の源泉徴収額¥10,000を現金で納付した。

9 日　オフィス拡張につき，ビルの 4 階部分を 1 か月あたり ¥80,000 で賃借する契約を不動産業者と締結し，保証金（敷金）¥160,000 と不動産業者に対する仲介手数料 ¥80,000 を当座預金口座から支払った。

11 日　商品 ¥195,000 を仕入れ，代金として同額の約束手形を振り出した。

13 日　商品 ¥100,000 を売り上げ，代金として相手先が振り出した約束手形を受け取った。

15 日　支払手形 ¥125,000 が決済され，当座預金口座から引き落とされた。

18 日　クレジット売掛金 ¥390,000 が当座預金口座に振り込まれた。

21 日　給料 ¥150,000 の支払いにさいして，所得税の源泉徴収額 ¥7,500 を差し引き，残額を当座預金口座から支払った。

23 日　受取手形 ¥235,000 が決済され，当座預金口座に振り込まれた。

25 日　水道光熱費 ¥38,500 と家賃 ¥180,000 が当座預金口座から引き落とされた。

27 日　買掛金 ¥110,000 を当座預金口座から支払った。

29 日　商品を購入する契約を締結し，手付金として現金 ¥20,000 を支払った。

残 高 試 算 表

01 年 6 月 30 日

借　　方	勘 定 科 目	貸　　方
	現　　　　　金	
	当 座 預 金	
	受 取 手 形	
	クレジット売掛金	
	前 払 金	
	繰 越 商 品	
300,000	備　　　　　品	
	差 入 保 証 金	
	支 払 手 形	
	買 掛 金	
	所 得 税 預 り 金	
	貸 倒 引 当 金	20,000
	備品減価償却累計額	90,000
	資 本 金	750,000
	繰 越 利 益 剰 余 金	484,000
	売　　　　　上	
	受 取 利 息	
	仕　　　　　入	
	給　　　　　料	
	水 道 光 熱 費	
	支 払 家 賃	
	支 払 手 数 料	
43,000	消 耗 品 費	

問3 次の各証ひょうにもとづいて，株式会社高崎商事で必要な仕訳を示しなさい。また，商品売買取引は3分法，得意先負担の送料は売掛金に含み，(3)については消費税を税抜方式により処理すること。((3)以外は特に消費税の処理を行う必要はない。)

（1）商品を売り上げ，品物とともに次の納品書兼請求書の原本を発送し，代金の全額を掛け代金として処理した。また，沼田商事株式会社への請求額と同額の送料を運送会社に現金で支払った。

納品書兼請求書

沼田商事株式会社　御中　　　　　　　　　　　　　　　　　　01年6月1日
　　　　　　　　　　　　　　　　　　　　　　　　　　　　株式会社高崎商事

品　　　物	数　量	単　価	金　　額
洗　剤	40	100	¥ 4,000
柔軟剤	20	350	¥ 7,000
ティッシュ	20	600	¥12,000
送　料	―	―	¥　550
		合　計	¥23,550

01年6月29日までに合計額を下記口座へお振込み下さい。
　実教銀行高崎支店　当座　1234432　カ）タカサキショウジ

（2）　太田商事株式会社に対する1か月分の売上げ（月末締め，翌月20日払い）を集計して次の請求書の原本を発送した。なお，太田商事に対する売上げは商品発送時ではなく1か月分をまとめて仕訳を行うこととしているため，適切に処理を行う。

請　求　書

太田商事株式会社　御中　　　　　　　　　　　　　　　　　　01年6月1日
　　　　　　　　　　　　　　　　　　　　　　　　　　　　株式会社高崎商事

品　　　物	数　量	単　価	金　　額
洗　剤	250	100	¥ 25,000
柔軟剤	200	350	¥ 70,000
ティッシュ	50	600	¥ 30,000
		合　計	¥125,000

01年6月20日までに合計額を下記口座へお振込み下さい。
　実教銀行高崎支店　当座　1234432　カ）タカサキショウジ

（3）　店頭における1日分の売上げの仕訳を行うにあたり，集計結果は次のとおりであった。また，合計額のうち¥4,400はクレジットカード，残りは現金による決済であった。

売 上 集 計 表

01 年 12 月 8 日

品　　物	数　量	単　価	金　　額
洗　剤	25	100	¥ 2,500
柔軟剤	30	350	¥10,500
ティッシュ	10	600	¥ 6,000
消費税			¥ 1,900
合　計			¥20,900

	借 方 科 目	金　　額	貸 方 科 目	金　　額
（1）				
（2）				
（3）				

問4 次の各証ひょうにもとづいて，株式会社宇都宮商事で必要な仕訳を示しなさい。

（1）出張から戻った従業員から次の領収書および報告書が提出されるとともに，かねて概算払いしていた¥15,000との差額を現金で受け取った。なお，1回¥2,000以下の電車賃は従業員からの領収書の提出を不要としている。

```
        領  収  書
      運賃   ¥3,260
   上記のとおり領収致しました。
      東京交通(株)
```

```
        領  収  書
   宿泊費  シングル1名  ¥8,800
   またのご利用をお待ちしております。
      実教イン東京
```

旅費交通費等報告書

山田花子

移動先	手段等	領収書	金　額
東京駅	電車	無	1,320
東京商事	タクシー	有	3,260
実教イン東京	宿泊	有	8,800
帰社	電車	無	1,320
合　計			¥14,700

（2）事務所の賃借契約を行い，下記の振込依頼書どおりに当社普通預金口座から振り込み，賃借を開始した。仲介手数料は費用として処理すること。

振 込 依 頼 書

01年5月1日

株式会社宇都宮商事　御中

株式会社武蔵野不動産

ご契約ありがとうございます。以下の金額を下記口座へお振込みください。

内　　　容	金　額
仲介手数料	¥　75,000
敷金	¥600,000
初月賃料	¥150,000
合　計	¥825,000

実教銀行日光支店　当座　4433221　カ）ムサシノフドウサン

（3）以下の納付書にもとづき，当社の普通預金口座から法人税を振り込んだ。

領 収 証 書

科　目		本　　税	400,000	納期等	010401
	法人税	○○○税		の区分	020331
		△　△　税		中間申告	確定申告
住所	栃木県宇都宮市○○	□□税			
		××税		出納印	
氏名	株式会社宇都宮商事	合計額	¥400,000	01.11.9 実教銀行	

（4）以下の納付書にもとづき，当社の普通預金口座から法人税を振り込んだ。

領　収　証　書

科　目		本　　税	500,000	納期等	010401
	法人税	○○○税		の区分	020331
		△　△　税		中間申告	確定申告
住所	栃木県宇都宮市○○	□□税			
		××税			
氏名	株式会社宇都宮商事	合計額	¥500,000		出納印 02.5.30 実教銀行

（5）以下の納付書にもとづき，当社の普通預金口座から消費税を振り込んだ。

領　収　証　書

科　目		本　　税	300,000	納期等	010401
	消費税及び地方消費税	○○○税		の区分	020331
		△　△　税		中間申告	確定申告
住所	栃木県宇都宮市○○	□□税			
		××税			
氏名	株式会社宇都宮商事	合計額	¥300,000		出納印 02.5.30 実教銀行

	借　方　科　目	金　　額	貸　方　科　目	金　　額
(1)				
(2)				
(3)				
(4)				
(5)				

問5 次の決算整理事項等にもとづいて，精算表を完成しなさい。なお，会計期間は01年4月1日から02年3月31日までの1年間である。

決算整理事項等

1. 当期に仕入れた商品 ¥35,000 を決算日前に返品し，同額を掛け代金から差し引くこととしたが，この取引が未記帳であった。

2. 小口現金係から次のとおり小口現金を使用したことが報告されたが，未記帳であった。なお，この報告にもとづく補給は翌期に行うこととした。

     文房具　¥1,500（使用済み）　　電車賃　¥2,250

3. 残高試算表欄の土地の半額分は売却済みであったが，代金 ¥650,000 を仮受金としたのみであるため，適切に修正する。

4. 残高試算表欄の保険料のうち ¥90,000 は当期の8月1日に向こう1年分として支払ったものであるが，2月中に解約した。保険会社から3月1日以降の保険料が月割で返金される旨の連絡があったため，この分を未収入金へ振り替える。

5. 受取手形および売掛金の期末残高合計に対して2％の貸倒引当金を差額補充法により設定する。

6. 期末商品棚卸高は ¥165,000（1. の返品控除後）である。売上原価は「仕入」の行で計算するが，期末商品棚卸高については返品控除後の金額を用いる。

7. 建物および備品について次のとおり定額法で減価償却を行う。

     建物：残存価額は取得原価の10％，耐用年数24年

     備品：残存価額ゼロ，耐用年数5年

8. 給料の未払分が ¥22,500 ある。

9. 手形借入金は当期の2月1日に借入期間1年，利率年4.5％で借り入れたものであり，借入時に1年分の利息が差し引かれた金額を受け取っている。そこで，利息の前払分を月割により計上する。

精 算 表

勘定科目	残高試算表 借方	残高試算表 貸方	修正記入 借方	修正記入 貸方	損益計算書 借方	損益計算書 貸方	貸借対照表 借方	貸借対照表 貸方
現　　　　　金	140,000							
小 口 現 金	17,500							
普 通 預 金	160,000							
受 取 手 形	210,000							
売 掛 金	150,000							
繰 越 商 品	240,000							
建　　　　　物	400,000							
備　　　　　品	375,000							
土　　　　　地	1,200,000							
買 掛 金		255,000						
手 形 借 入 金		500,000						
仮 受 金		650,000						
貸 倒 引 当 金		5,000						
建物減価償却累計額		195,000						
備品減価償却累計額		140,000						
資 本 金		500,000						
繰越利益剰余金		155,000						
売　　　　　上		3,250,000						
仕　　　　　入	2,115,000							
給　　　　　料	300,000							
旅 費 交 通 費	40,000							
支 払 家 賃	90,000							
保 険 料	150,000							
消 耗 品 費	40,000							
支 払 利 息	22,500							
	5,650,000	5,650,000						
固定資産売却(　　)								
貸倒引当金繰入								
減 価 償 却 費								
未 収 入 金								
(　　)給料								
(　　)利息								
当期純(　　)								

問6 次の（1）決算整理前残高試算表と（2）決算整理事項等にもとづいて，貸借対照表と損益計算書を完成しなさい。消費税の仮受け・仮払いは，売上取引・仕入取引のみで行うものとし，（2）決算整理事項等の7. 以外は消費税を考慮しない。なお，会計期間は 01 年 4 月 1 日から 02 年 3 月 31 日までの 1 年間である。

（1）　決算整理前残高試算表

借　　方	勘　定　科　目	貸　　方
91,500	現　　　　　　金	
288,500	当　座　預　金	
245,500	売　　掛　　金	
100,000	繰　越　商　品	
120,000	仮　払　消　費　税	
600,000	備　　　　　品	
1,350,000	土　　　　　地	
	買　　掛　　金	296,500
	借　　入　　金	200,000
	仮　受　消　費　税	220,000
	貸　倒　引　当　金	150
	備品減価償却累計額	187,500
	資　　本　　金	1,000,000
	繰　越　利　益　剰　余　金	760,850
	売　　　　　上	2,750,000
1,500,000	仕　　　　　入	
900,000	給　　　　　料	
150,000	支　払　家　賃	
20,500	水　道　光　熱　費	
31,000	通　　信　　費	
12,000	保　　険　　料	
6,000	支　払　利　息	
5,415,000		5,415,000

（2）　決算整理事項等

1. 現金の実際有高は ¥89,500 であった。帳簿残高との差額のうち ¥1,050 は通信費の記入もれであることが判明したが，残額は不明のため，雑損または雑益として記載する。

2. 売掛代金の当座預金口座への入金 ¥31,000 の取引が，誤って借方・貸方ともに ¥13,000 と記帳されていたので，その修正を行った。

3. 当月の水道光熱費 ¥1,750 が当座預金口座から引き落とされていたが，未処理であった。

4. 売掛金の期末残高に対して 2％の貸倒引当金を差額補充法により設定する。

5. 期末商品棚卸高は ¥87,000 である。

6. 備品について，残存価額をゼロ，耐用年数を 8 年とする定額法により減価償却を行う。

7. 消費税の処理（税抜方式）を行う。

8. 借入金は 01 年 6 月 1 日に借入期間 1 年，利率年 6％で借り入れたもので，利息は 11 月末日と返済日に 6 か月分をそれぞれ支払うことになっている。利息の計算は月割による。

9. 支払家賃のうち ¥75,000 は 01 年 11 月 1 日に向こう 6 か月分を支払ったものである。そこで，前払分を月割により計上する。

貸 借 対 照 表

02 年 3 月 31 日　　　　　　　　　　　　　　　（単位：円）

現　　　　　金		（　　　　）	買　掛　金		（　　　　）	
当 座 預 金		（　　　　）	借　入　金		（　　　　）	
売　掛　金	（　　　　）		（　　　）消費税		（　　　　）	
貸 倒 引 当 金	（△　　　）	（　　　　）	未 払 費 用		（　　　　）	
商　　　　品		（　　　　）	資　本　金		（　　　　）	
（　　　）費用		（　　　　）	繰越利益剰余金		（　　　　）	
備　　　　品	（　　　　）					
減価償却累計額	（△　　　）	（　　　　）				
土　　　　地		（　　　　）				
		（　　　　）			（　　　　）	

損 益 計 算 書

01 年 4 月 1 日から 02 年 3 月 31 日まで　　　　（単位：円）

売 上 原 価	（　　　　）	売　上　高	（　　　　）	
給　　　料	（　　　　）			
貸倒引当金繰入	（　　　　）			
減 価 償 却 費	（　　　　）			
支 払 家 賃	（　　　　）			
水 道 光 熱 費	（　　　　）			
通　信　費	（　　　　）			
保　険　料	（　　　　）			
雑 （　　　）	（　　　　）			
支 払 利 息	（　　　　）			
当期純（　　　）	（　　　　）			
	（　　　　）		（　　　　）	

3 全経2級対策（発展問題）

仕 訳

問1 下記の各取引について仕訳を示しなさい。商品売買の記帳は，特に指示のない限り3分法によるものとする。なお（　　　）内は項目内容である。

1. 青森商事(株)から商品 ¥200,000 を仕入れ，代金は小切手を振り出して支払った。なお，当座預金勘定の残高は ¥140,000 であった。また，当社は取引銀行と借越限度額 ¥300,000 の当座借越契約を結んでいる。（現金・預金取引）

2. 埼玉商事(株)は，群馬商事(株)から商品を掛けで仕入れているが，一部商品が破損していたため ¥8,000 の値引を受けた。なお，代金は買掛金から差し引くことにした。（商品売買取引）

3. 名古屋商事(株)から商品 ¥235,000 を仕入れ，代金は掛けとしていたが，本日この債務のうち ¥150,000 について，名古屋商事の了解の下，取引銀行を通じて電子債権記録機関に発生記録の請求を行った。（掛け取引）

4. 千葉商事(株)は，茨城商事(株)から受け取っていた約束手形を取引銀行で割り引き，割引料 ¥5,000 を差し引かれた残高 ¥295,000 を当座預金に預け入れた。（手形取引）

5. 島根商事(株)から商品の売上代金として裏書譲渡された高知商事(株)振出しの約束手形 ¥70,000 が，不渡りとなったので，島根商事に償還請求した。なお，償還請求に要した諸費用 ¥1,000 は現金で支払った。（手形取引）

6. 当社は商品販売業を営んでいるが，賃貸目的で建物 ¥18,000,000 を取得し，代金は約束手形を振り出して支払った。（手形取引／有形固定資産取引）

7. 顧客に B 商品 ¥12,000 を販売し，その代金として当社も加盟している全国共通商品券 ¥10,000 を受け取り，残額は現金で受け取った。（その他の債権・債務の取引）

8. 和歌山商事(株)は，決算日における外貨預金の残高が $20,000（帳簿価額 ¥2,300,000）であったので換算を行った。なお，決算日における為替相場は $1 あたり ¥110 である。（その他の債権・債務の取引）

9. 広島建設(株)に店舗の建設を依頼し，請負価格 ¥9,000,000 のうち ¥5,000,000 を小切手を振り出して支払った。（有形固定資産取引）

10. 宮城商事(株)の当期の法人税等の額は ¥75,000 と算定された。なお，中間申告時に ¥40,000 を納付している。（株式会社の税金）

	借方科目	金　額	貸方科目	金　額
1				
2				
3				
4				
5				
6				
7				
8				
9				
10				

下記の各取引について仕訳を示しなさい。なお（　　　）内は項目内容である。

1. 鹿児島商事(株)の株主総会において，繰越利益剰余金を次のとおり配当および処分することを決議した。（株式会社の資本取引）

    配当金　¥3,400,000　　利益準備金　¥340,000　　新築積立金　¥1,500,000

2. 福岡商事(株)は，会社設立にさいし，株式2,000株を1株あたり¥60,000で発行し，全額の払込みを受け，払込金は当座預金に預け入れた。払込金額のうち，1株につき¥10,000は資本金として計上しないことにした。なお，会社設立のための諸費用¥400,000は現金で支払い，会社設立時の費用とした。（株式会社の資本取引）

3. 宮崎商事(株)は，新規設備投資のため，新たに株式500株を1株あたり¥50,000で発行し，全額の払込みを受け，払込金は当座預金に預け入れた。1株の払込金額のうち，¥20,000は資本金として計上しないことにした。なお，株式の発行に要した諸費用¥250,000は，小切手を振り出して支払った。（株式会社の資本取引）

4. 福井商事(株)が倒産し，前期に発生した同社に対する不渡手形¥350,000が全額回収不能となった。なお，この不渡手形に設定されていた貸倒引当金の残高は¥280,000である。（手形取引）

5. 前期末に見越し計上していた貸付金の利息¥20,000を，期首に再振替した。（決算整理）

6. 前期末に見越し計上していた給料の未払い¥630,000を，期首に再振替した。（決算整理）

7. 前期末に繰り延べていた利息の前払分¥11,000を，期首に再振替した。（決算整理）

8. 前期末に繰り延べていた地代の前受分¥3,000を，期首に再振替した。（決算整理）

	借方科目	金　額	貸方科目	金　額
1				
2				
3				
4				
5				
6				
7				
8				

問3 当社の次の期首・期末の貸借対照表と元帳により，期首資本金，期末繰越利益剰余金，当期純利益および売上総利益の金額を求めなさい。（　　）の中に入る語句と金額は各自で考えること。

期首貸借対照表

現　　　金	89,000	買　掛　金	106,500
売　掛　金	104,500	借　入　金	150,000
商品(繰越商品)	（　　）	資　本　金	（　　）
土　　　地	240,000	繰越利益剰余金	39,000
	（　　）		（　　）

期末貸借対照表

現　　　金	126,500	買　掛　金	99,000
売　掛　金	112,000	借　入　金	156,000
商品(繰越商品)	107,500	資　本　金	（　　）
土　　　地	280,000	繰越利益剰余金	（　　）
	626,000		626,000

仕　　入

期 中 総 額	918,000	仕 入 戻 し	41,000
繰 越 商 品	112,000	繰 越 商 品	（　　）
		損　　　益	（　　）
	（　　）		（　　）

売　　上

売 上 値 引	28,500	期 中 総 額	1,262,000
損　　　益	（　　）		
	1,262,000		1,262,000

損　　益

仕　　　入	（　　）	売　　　上	（　　）
その他費用	380,000	その他収益	60,000
（　　）	（　　）		
	（　　）		（　　）

資　本　金

次 期 繰 越	（　　）	**前 期 繰 越**	（　　）
		増　　　資	50,000
	（　　）		（　　）

繰越利益剰余金

次 期 繰 越	（　　）	**前 期 繰 越**	39,000
		損　　　益	（　　）
	（　　）		（　　）

期 首 資 本 金	期末繰越利益剰余金	当 期 純 利 益	売 上 総 利 益
¥	¥	¥	¥

問4 次の資料によって，売上原価を除く期間中の費用総額，期末純資産（資本），売上総利益および当期純利益の金額を求めなさい。

1．資産・負債　　　　　（期首）　　　　（期末）

現金・預金	¥203,800	¥595,600
売　掛　金	395,400	396,600
商　　　品	403,000	202,600
買　掛　金	388,800	186,000

2．期間中の商品売買取引
- （1）　当期総仕入高　　¥1,566,000
- （2）　当期仕入返品高　　　34,800
- （3）　当期総売上高　　2,469,000
- （4）　当期売上返品高　　　135,600

3．純売上高を除く期間中の収益総額　　¥ 61,200

4．売上原価を除く期間中の費用総額　　　　X

5．期間中の剰余金の現金配当額　　　　¥ 24,600

6．期間中の新株発行による払込額　　　¥300,000

売上原価を除く期間中の費用総額	期末純資産(資本)	売 上 総 利 益	当 期 純 利 益
¥	¥	¥	¥

問5 次の F 商品に関する資料にもとづき，移動平均法によって商品有高帳に記入しなさい。また，5 月分の F 商品の純売上高，売上原価，売上総利益（粗利益）を求めなさい。

5 月 1 日　F 商品の前月繰越高は¥15,500（50 個×@¥310）であった。

7 日　埼玉商事(株)から F 商品 100 個を@¥370 で仕入れ，代金は掛けとした。

11 日　7 日に埼玉商事から仕入れた F 商品のうち 25 個を品違いのため返品し，代金を買掛金から差し引いた。

15 日　千葉商事(株)に F 商品 50 個を@¥500 で販売し，代金は掛けとした。

24 日　神奈川商事(株)から F 商品 75 個を@¥390 で仕入れ，代金は掛けとした。

28 日　東京商事(株)に F 商品 115 個を@¥600 で販売し，代金は掛けとした。

30 日　28 日に東京商事に販売した F 商品のうち 5 個は品違いであったため返品を受け，代金を売掛金から差し引いた。

商 品 有 高 帳

移動平均法　　　　　　　　　　　　　F 商 品　　　　　　　　　　　（単位：円）

01年		摘　要	受　入			払　出			残　高		
			数量	単価	金　額	数量	単価	金　額	数量	単価	金　額
5	1	前 月 繰 越	50	310	15,500				50	310	15,500
	31	次 月 繰 越									

注 摘要欄には，取引先を記入すること。

純 売 上 高	売 上 原 価	売 上 総 利 益
¥	¥	¥

問6 埼玉商事(株)は，主要簿のほかに現金出納帳，当座預金出納帳，仕入帳，売上帳，受取手形記入帳，支払手形記入帳，仕入先元帳，得意先元帳，商品有高帳および固定資産台帳を補助簿として使用している。次の取引が記入されている具体的な帳簿を下記の用語群から選び，所定の欄に記入しなさい。なお，同じ用語を何度用いてもよい。

1. 東京商事(株)からA商品1,000個を@¥300で仕入れ，代金のうち半分は小切手を振り出して支払い，残額は約束手形を振り出して支払った。
2. 千葉商事(株)から受け取っていた約束手形¥3,024,000を取引銀行で割り引き，割引料¥24,000を差し引かれた残額を当座預金に預け入れた。
3. 山梨商事(株)にB商品300個を@¥3,000で売り渡し，代金として福島商事(株)振出しの約束手形を裏書譲渡された。
4. さきに群馬商事(株)に売り渡した商品Cの一部に汚損があったため，¥15,000の値引をし，この代金は売掛金から差し引くことにした。
5. 栃木商事(株)に対して売掛金¥47,000を同社振出しの小切手で回収した。
6. 以前，茨城商事(株)からD商品400個を@¥1,890で仕入れたさいの買掛金¥756,000について，小切手を振り出して支払った。

〈用語群〉

仕　訳　帳	総 勘 定 元 帳	現 金 出 納 帳	当座預金出納帳
仕　入　帳	売　上　帳	受取手形記入帳	支払手形記入帳
仕 入 先 元 帳	得 意 先 元 帳	商 品 有 高 帳	固 定 資 産 台 帳

1	
2	
3	
4	
5	
6	

問7 以下に示す福岡商事(株)の10月31日の略式伝票（3伝票制）にもとづき，仕訳集計表（日計表）を作成しなさい。また，示された勘定口座に転記（日付けと金額のみでよい）しなさい。

入　金　伝　票		出　金　伝　票	
売　　　　　上	445,000	買　掛　金	172,500
		宮崎商事(株)	

入　金　伝　票		出　金　伝　票	
売　掛　金	284,500	給　　　　料	382,500
長崎商事(株)			

振替伝票（借方）		振替伝票（貸方）	
仕　　　　入	395,500	買　掛　金	395,500
		熊本商事(株)	

振替伝票（借方）		振替伝票（貸方）	
売　掛　金	1,234,000	売　　　　上	1,234,000
鹿児島商事(株)			

振替伝票（借方）		振替伝票（貸方）	
売　　　　上	67,500	売　掛　金	67,500
		長崎商事(株)	

（注）振替伝票の**太字**は，値引高を示している。

仕 訳 集 計 表

01 年 10 月 31 日

借　　　方	元丁	勘 定 科 目	元丁	貸　　　方
		現　　　　　金		
		（　　　　　）		
		買　　掛　　金		
		売　　　　　上		
		仕　　　　　入		
		給　　　　　料		

総 勘 定 元 帳

現　　　　金　　　　　　　1

※128,000 |

売　　　　上　　　　　　28

| ※2,560,000

得意先（売掛金）元帳

長崎商事(株)　　　　　7

※640,000 |

※10 月 30 日までの残高である。

問8 次の付記事項と決算整理事項によって，精算表を作成しなさい。なお，会計期間は，01年4月1日から02年3月31日までの1年間である。

付 記 事 項

1. 現金過不足¥40,000について調べたところ，給料¥120,000を支払ったさいに，¥160,000と誤記入していたことが判明した。

2. 出張していた社員が帰社し，仮受金のうち¥19,000は売掛金の回収分であり，残額は手数料の現金受領額であることが判明した。

決算整理事項

1. 期末商品棚卸高　　　¥24,000

2. 売掛金の期末残高について2％の貸倒れを見積もる。差額補充法により処理する。

3. 備品について，定額法により減価償却を行う。
　　　残存価額　ゼロ　　耐用年数　8年

4. 売買目的で保有している有価証券を¥16,000に評価替えする。

5. 消耗品の未使用高　　¥ 6,800

6. 家 賃 の 前 払 高　　¥11,600

7. 利 息 の 未 払 高　　¥ 9,600

8. 手 数 料 の 前 受 高　　¥ 2,600

9. 未 払 法 人 税 等

　　当期の課税所得を計算したところ，¥7,800となったので，未払分を計上する。なお，税率は30％であり，中間申告時に¥1,600をすでに納付している。

精 算 表

勘定科目	残高試算表 借方	残高試算表 貸方	整理記入 借方	整理記入 貸方	損益計算書 借方	損益計算書 貸方	貸借対照表 借方	貸借対照表 貸方
現　　　　金	662,000							
現 金 過 不 足		40,000						
当 座 預 金	72,000							
売　掛　金	232,000							
貸 倒 引 当 金		2,000						
売買目的有価証券	19,200							
繰 越 商 品	25,200							
仮払法人税等	1,600							
備　　　品	480,000							
備品減価償却累計額		120,000						
買　掛　金		136,000						
仮　受　金		20,000						
資　本　金		800,000						
資 本 準 備 金		110,000						
利 益 準 備 金		100,000						
繰越利益剰余金		120,000						
売　　　上		932,000						
受 取 手 数 料		88,000						
仕　　　入	690,000							
給　　　料	196,000							
支 払 家 賃	52,800							
支 払 利 息	23,600							
消 耗 品 費	13,600							
	2,468,000	2,468,000						
貸倒引当金繰入								
減 価 償 却 費								
（　　　　　）								
（　　　　　）								
（　　　　　）								
（　　　　　）								
（　　　　　）								
（　　　　　）								
（　　　　　）								
当期純（　　　）								

●本書の関連データが web サイトからダウンロードできます。

https://www.jikkyo.co.jp/download/ で

「基本簿記演習」を検索してください。

■編修・執筆

蛭川　幹夫　元城西大学客員教授

小野　正芳　日本大学教授

武井　文夫　城西大学講師

山本　貴之　城西大学講師

●カバー・表紙──(株)エッジ・デザイン・オフィス

専門基礎ライブラリー

基本簿記演習　改訂版

2008 年 5 月 20 日　初版第 1 刷発行
2020 年 4 月 10 日　改訂版第 1 刷発行
2023 年 1 月 30 日　改訂版第 3 刷発行

●執筆者　　蛭川幹夫(ほか 3 名)
●発行者　　小田良次
●印刷所　　中央印刷株式会社

無断複写・転載を禁ず

●発行所　実教出版株式会社

〒102-8377
東京都千代田区五番町 5 番地
電話 [営　　業](03) 3238-7765
　　 [企画開発](03) 3238-7751
　　 [総　　務](03) 3238-7700
https://www.jikkyo.co.jp/

ISBN　978-4-407-34892-7　C3034

Printed in Japan